Kryptadia: Folklore De La Haute-bretagne. Contes Picards. Schwedische Schwänke Und Aberglauben Aus Norland. Literatura Popular Erotica De Andalucia. Some Erotic Folk-lore From Scotland. Dictions Et Formulaires De La Bass-bretagne. An Erotic English...

Anonymous

ΚΡΥΠΤΑΔΙΑ

VOL. II

ΚΡΥΠΤΑΔΙΑ

RECUEIL DE DOCUMENTS POUR SERVIR

À L'ÉTUDE

DES TRADITIONS POPULAIRES

— . —

VOL. II

HEILBRONN

HENNINGER FRÈRES, ÉDITEURS

1884

—

Imprimerie de G. Otto à Darmstadt.

FOLK-LORE

DE LA

HAUTE-BRETAGNE.

I

LA FRÊNOLLE

IL ÉTAIT une fois un petit garçon qui voulait apprendre l'état de forgeron. Il quitta son village et alla se louer comme apprenti chez un maréchal-ferrant. Son patron avait beaucoup d'ouvrage, et tous ses lits étaient pris par ses ouvriers. Le soir venu, il fut bien embarrassé pour savoir où il coucherait son apprenti. Il réfléchit long-temps, mais à la fin il se dit: «Il y a plusieurs personnes dans chacun des lits; il n'y a que ma fille qui soit seule dans le sien. Je vais mettre le garçon à coucher avec elle: ses parents étaient de braves gens et je l'ai connu tout petit; il n'y a aucun danger.» Quand ils furent tous deux couchés ensemble, le garçon se mit à caresser la fille qui approchait de ses dix-huit ans, et comme elle ne le repoussait point, il ne tarda pas à lui montrer comment on fait l'amour. La fille trouvait la chose fort à son gré, et Pierre — c'était le nom de l'apprenti — lui donna plusieurs leçons de ce joli jeu. Elle ne se lassait point, et aurait bien voulu que cela durât toute la nuit; mais Pierre qui était fatigué voulut dormir. Comme il commençait à s'assoupir, elle le pinça et s'approcha de lui; mais il ne répondait point à ses agaceries. «Pierre, lui dit-elle, tu ne joues plus de ton instrument? — Non, répondit-il; il est usé. — Ah! dit la fille, c'est bien dommage; pourquoi n'est-il pas plus solide? Cela coûterait-il bien cher pour en avoir un autre? — Oui, répondit Pierre, au moins trois ou quatre cents francs. — Je ne les ai pas à moi; mais je sais où mon père met son argent, et demain je te donnerai avec quoi en avoir un neuf. Comment cela s'ap-

pelle-t-il? — C'est une frênolle.» * Le matin,
la fille prit l'argent de son père et le donna
à l'apprenti, qui alla jusqu'au bourg et fit
mine d'acheter un nouvel instrument. La
nuit venue, il en joua encore, à la grande
satisfaction de la fille. Le lendemain, l'apprenti reçut une lettre où on lui disait que
sa mère était malade, et qu'elle désirait le
voir. Il se mit aussitôt en route; peu après
la fille rentra, et comme elle ne le voyait
pas: «Où est Pierre? demanda-t-elle. — Il
est parti, et il ne reviendra plus.» Elle se
mit à courir après lui, et du plus loin qu'elle
l'aperçut, elle lui cria: «Pierre, Pierre, laisse-
moi au moins la frênolle!» Pierre, qui était
dans un champ, arracha un gros navet, et
le jeta dans une mare aux pieds de la fille,
en lui disant: «Tiens, la voilà.» Et pendant
que la fille cherchait, il continua sa route.
Elle regardait de tous ses yeux; mais elle
ne voyait point l'instrument de Pierre. Elle
s'assit sur le bord de la mare et se mit à
pleurer à chaudes larmes. Le curé qui passait
par là, lui demanda pourquoi elle avait tant

---

* C'est probablement un mot de fantaisie; ce n'est
pas sous ce nom que l'instrument de Pierre est connu
dans le pays.

de chagrin: «Ah! monsieur le Recteur, répondit-elle, la frênolle est tombée dans la mare, et je ne peux la retrouver. C'est bien dommage, car c'est un instrument précieux: il coûte trois ou quatre cents francs. — Cherchons tous les deux, dit le Recteur, je vais t'aider.» Il se retroussa et tous deux se mirent à chercher dans la mare qui était assez profonde. A un moment elle se retourna, et, voyant le recteur troussé jusque par dessus les hanches, elle s'écria: «Ah! monsieur le Recteur, ce n'est pas la peine de chercher plus longtemps, c'est vous qui avez la frênolle entre les jambes.»

Recueilli en Haute-Bretagne en 1880.

Cf. dans les Contes secrets traduits du russe, le no. XLVI, la variante de la page 146, pour l'épisode du navet dans la rivière: dans le conte russe il s'agit d'un peigne. Un passage du Moyen de parvenir, p. 60 éd. Charpentier, rappelle l'épisode de l'outil usé. «Le bonhomme Hauteroue disait en travaillant sa première femme — Que j'enhane, ma mie! — Je ne m'en ébahis pas, dit-elle, vous travaillez d'un méchant outil. — J'en aurais bien un autre, si j'avais de l'argent. — Qu'à cela ne tienne, je vous en baillerai demain.» Quand il eut ses écus, il va se réjouir, puis coucha avec la femme qu'il traita bien: «Ho! dit-elle, mon ami, celui-ci est aussi bon que celui que vous aviez. Mais, mon ami, qu'avez vous fait de l'autre? — Je l'ai jeté là, ma mie. — Endà, vous avez eu grand tort, il eut été bon pour ma mère.»

Cf. aussi pour l'outil usé: le Parangon des nou-

II

LA FILLE BIEN GARDÉE

IL Y AVAIT une fois une fille que sa mère surveillait avec le plus grand soin, de peur que quelque garçon ne vînt à la mettre à mal, et elle l'avait élevée dans l'innocence de tout. Quand elle lui demandait à aller aux assemblées comme les autres filles de son âge, elle lui répondait: «Non, ma fille, tu n'iras pas, car on est trop exposé à perdre son pucelage.» Un jour pourtant, Pierre, son amoureux, qui était un bon garçon bien tranquille, vint la chercher pour la conduire à une assemblée, et ils supplièrent tous les deux la bonne femme de les laisser y aller. Celle-ci finit par y consentir, pensant en elle-même que Pierre était trop honnête pour mettre sa fille à mal, et elle lui recommanda de bien veiller sur elle. Les voilà qui se mettent en route, et tout en cheminant la fille disait: «Ma mère m'a

velles nouvelles p. 154 éd. Emile Mabille Bibl. elzév., Les chefs d'œuvres des conteurs français 17e siècle, éd. Charpentier p. 198, et les Contes à rire et aventures plaisantes de ce temps, Beauvais 1818 in 16, p. 42.

bien recommandé de prendre garde à mon pucelage: il paraît qu'aux assemblées on est exposé à le perdre. Comment faire pour le conserver? — Est-ce que ta mère ne t'a pas enseigné un moyen? — Si, répondit-elle, elle m'a recommandé de bien serrer les cuisses.» En devisant de la sorte, ils entrèrent dans un bois, et au milieu il y avait plusieurs ruisseaux qu'on franchissait sur des planches. Au moment où la fille était sur la planche, Pierre qui marchait derrière elle, jeta une pierre dans l'eau, juste au dessous d'elle. «Ah! s'écria-t-elle, que dira ma mère! voilà mon pucelage tombé dans l'eau et perdu. — — Ne crains rien, répondit le gars; heureusement que je suis là, je vais te le remettre. Viens avec moi sous le bois, et ne dis rien si cela te fait un peu mal; car c'est pour ton bien.» Pierre le lui remit en effet, et à quelques instants de là ils arrivèrent à la deuxième planche. Au moment où la fille était dessus, deux ou trois grenouilles qui sommeillaient sur le bord furent effrayées et s'élancèrent dans l'eau, qui rejaillit encore au dessous de la fille. «Ah! Pierre, s'écria-t-elle; le voilà r e p e r d u; il paraît qu'il n'était pas solide; c'est bien mal à toi de ne pas me l'avoir rattaché plus solidement. — Ne dis rien, répondit Pierre, je vais encore te le remettre.» Après que le pucelage eut été remis pour la seconde fois, ils arrivèrent à l'assemblée où ils se divertirent comme les autres. Au retour, comme le jeune fille passait sur la planche, Pierre jeta à l'eau une pomme qu'il avait dans sa poche. — Que dira ma mère? s'écria-t-elle; voilà la troisième fois que je le perds aujourd'hui! — Ne crains rien, je vais te le recoudre.» Quand le pucelage eut été recousu, la fille qui prenait goût à cette couture, dit à Pierre: «Il n'est pas cousu assez solidement. — Mais si. — Non. — C'est que je n'ai plus de fil. — Ah! s'écria-t-elle, le vilain menteur: il dit qu'il n'en a plus et il lui en reste encore deux gros pelotons!»

Recueilli en Haute-Bretagne en 1880.

Dans le Moyen de Parvenir, p. 90 éd. Charpentier, se trouve un conte assez analogue: un cousin invite à venir danser sa cousine à laquelle sa mère a recommandé de bien prendre garde à son honneur. «Je n'oserais, dit-elle, de peur de perdre mon honneur. — N'est-ce que cela? venez, cousine, en cette petite chambre, je vous le coudrai si bien qu'il ne cherra pas.» La fille prend goût au jeu, et après trois reprises, elle pria son cousin de lui recoudre un peu son honneur. «En dà! dit-il, je ne saurais; je n'ai plus de fil. — Hé, hé, ce dit-elle, et qu'avez vous donc fait de ces deux petits pelotons qui vous pendaient entre les jambes!»

III

LA CHERCHEUSE D'ESPRIT

IL ÉTAIT autrefois un Recteur qui avait pour servante une nièce assez jeune encore, mais qui était bien une des créatures les plus sottes et les plus simples que l'on pût rencontrer. Un jour qu'elle venait de faire une bêtise plus grosse que les autres, son maître lui dit: «Vous devriez bien acheter de l'esprit, ma pauvre fille. — Je n'y manquerai pas, monsieur le Recteur, si l'occasion s'en présente.» Peu après le Recteur fit tuer son cochon, et quand on l'eut dépecé en quatre morceaux, il dit à sa servante que l'un des quartiers serait pour Janvier, l'autre pour Février, le troisième pour Mars et le quatrième pour Avril, comptant que son lard lui durerait quatre mois. Le Recteur devait être absent pendant trois semaines, et le boucher qui avait tué le cochon, voyant la merveilleuse simplicité d'esprit de la servante, conçut le projet de s'emparer du lard pendant qu'elle serait seule au logis. Il fit part de son projet à trois de ses compères, qui résolurent de tenter l'aventure dès que le prêtre serait parti. Le lendemain matin, le boucher, déguisé en chercheur de pain, se présenta à la porte du presbytère. «Bonjour, dit-il, donnez moi la charité pour l'amour de Dieu. — Vous n'êtes pas d'ici, comment vous appelez-vous? — Janvier, répondit-il. — Ah! j'ai justement un morceau de lard que monsieur le Recteur a mis de côté pour Janvier, et je vais vous le remettre puisque c'est vous qui vous nommez ainsi.» Le jour suivant un autre compère entra au presbytère, et dit qu'il s'appelait Février, et la servante lui donna le second morceau de lard. Un troisième se présenta le lendemain sous le nom de Mars, et la nièce lui remit encore un morceau de lard, quoique, observat-elle, elle n'eût jamais cru que les mois fussent venus ainsi en personne. Le quatrième jour un autre compère vint encore à la porte, et comme elle lui demandait son nom: «Je m'appelle Avril, marchand d'esprit. — Tenez, dit la bonne personne, voici encore un morceau de lard qui est pour vous; mais puisque vous êtes marchand d'esprit, voulez-vous m'en vendre pour quinze francs? Monsieur le Recteur m'a bien recommandé d'en acheter quand l'occasion s'en présenterait. — Je veux bien, dit le compère; mais il faut pour cela une opération, et je ne puis la faire que la nuit. Je coucherai avec vous, et quand je vous aurai débouchée avec mon instrument, vous aurez de l'esprit. Cela vous fera un peu mal au commencement; mais on n'en meurt pas pour tout autant. — Qu'à cela ne tienne, répondit la servante: je suis prête à tout endurer pour n'être plus si sotte. Mais il ne faudra pas me prendre trop cher; car je n'ai pour tout bien que quinze francs. — Donnez-les, dit le compère, je vous fournirai de l'esprit pour votre argent, bonne mesure.» Ils soupèrent tous les deux ensemble, puis ils se mirent au lit. Le compère se coucha sur Jeanne et lui plaça son instrument entre les cuisses. «Ah! dit-elle, qu'est-ce que c'est que ce bout de saucisse que tu as là? j'en ai senti de plus chauds; mais jamais d'aussi durs. Ah! le crasseux, il veut le fourrer dans le trou par où je pisse! — Ne dis rien, Jeanne, ce n'est pas un bout de saucisse, mais l'instrument pour donner de l'esprit aux filles. Écarte les cuisses, et si ça te fait un petit de mal, n'y fais pas attention.» La fille se prêta de son mieux; et pendant toute la nuit, le compère lui donna de l'esprit, en veux-tu en voilà, et au matin, il lui assura qu'elle en avait autant qu'on pouvait s'en procurer pour quinze francs. Quelques jours après, le Recteur revint; et quand il demanda où était son lard, la servante lui répondit: «J'ai fait comme vous m'aviez dit; j'en ai donné un morceau à Janvier, un autre à Février, un autre à Mars, et un autre à Avril, comme vous me l'aviez ordonné. Ils sont venus chercher chacun leur part dès que vous avez été parti. — «Ah! mon Dieu, me pauvre fille, que tu es pauvre d'esprit! — Oh! que nenni, monsieur le recteur, j'en ai acheté pour quinze francs l'autre jour.» Le Recteur se mit à rire en l'entendant; mais à quelque temps de là, il vit que le ventre de sa servante grossissait à vue d'œil: «Qu'est-ce que cela? lui demanda-t-il; pourquoi as-tu le ventre aussi gros? — Ma foi, répondit-elle, depuis que j'ai acheté de l'esprit, toute la nourriture que je prends me profite, et j'engraisse.

Recueilli en Haute-Bretagne en 1879.

Dans le Moyen de Parvenir (p. 278 éd. Charpentier) une femme dit à sa servante de mettre un jambon dans la cheminée pour Pâques. Un clerc qui la sait simple vient chercher le jambon en disant qu'il se nomme Pâques, et il ajoute: «Il faut que je voie si c'est

IV

JEANNE ET LE COUTURIER

IL Y AVAIT une fois un couturier, ou si vous aimez mieux un tailleur, qui était à coudre dans une ferme, et il préparait les habits de noces de la jeune fille qui devait se marier le lendemain. Quand le soir fut arrivé, le couturier n'avait pas encore terminé sa besogne. Comment faire? Il avait envie de s'en aller, et de revenir le lendemain de bonne heure. Il le dit à la fille, qui se nommait Jeanne; mais celle-ci qui pensait que cela ne faisait pas grand' chose de garder son pucelage un jour de plus ou de moins, lui dit de rester à coucher avec elle. Jeanne qui couchait dans la buanderie au dessus de l'étable des vaches alla préparer le lit, puis elle vint chercher tout doucement le couturier et lui montra

---

ci mon jambon. Si ce l'est, j'ai un esprit qui me le dira.» Il tira son chouart vif et glorieux. «Qu'est-ce? — C'est mon esprit. — Je vous en prie, donnez m'en un peu; ma maîtresse ne me fait que tancer et dire que je n'ai point d'esprit.»

le lit: «Couche-toi le premier, dit-elle, je vais me coucher après.» Mais en entrant dans le lit, le couturier fit tout écrouler sous lui et il tomba dans l'étable aux vaches. Il fit peur à celles-ci qui se mirent à b r a i r e. La bonne femme les entendit, et elle courut à l'étable, car il y avait une de ses bêtes qui était sur le point de vêler. C'était justement auprès d'elle que le couturier était tombé. Elle se mit à chercher à tâtons, et ayant touché le couturier, elle cria: «Jeanne, Jeanne, lève-toi, la Noire a vêlé.» En tâtant, elle rencontra le membre du couturier, et elle s'écria: «Jeanne, c'est un petit toré (un petit toreau.).

Recueilli en 1882.

V

LES PUCELAGES

IL ÉTAIT une fois des fermiers riches qui n'avaient qu'une fille. Elle était jolie comme tout; aussi, bien qu'elle ne fût pas des plus fines, la maison ne désemplissait pas de galants. Un jour qu'elle devisait

avec un garçon de ferme qui lui faisait
la cour, elle lui dit: «Mon pauvre Jean,
celui qui se mariera avec moi aura de le
chance: je suis tout à fait riche; car maman
m'a dit que j'avais trois pucelages, le sien,
celui de papa et le mien. — Ma foi, dit le
gars, si tu avais encore le mien, tu serais
bien plus riche: si tu veux, je vais te le donner.» La fille y consentit, puis elle retourna chez sa mère, toute joyeuse: «Maman, lui dit-elle, vous m'aviez toujours dit
que j'avais trois pucelages; maintenant je
suis bien plus riche; car j'en ai quatre: le
gars Jean vient de me donner le sien. —
Que tu es sotte, ma fille; ce garçon-là s'est
moqué de toi, répondit la mère.» Elle retourna trouver son galant et lui dit: «Jean,
ce n'est pas bien de ta part de me tromper,
car ma mère m'a dit que tu t'étais moqué
de moi. — Ma foi, dit le garçon, si tu veux
je vais t'enlever le pucelage que je t'ai donné,
il ne t'en restera plus que trois et tu seras
comme auparavant.» La fille répondit
qu'elle ne demandait pas mieux et quand
Jean lui eut repris ce qu'il lui avait donné,
elle retourna le raconter à sa mère. La
bonne femme leva les bras au ciel et s'écria:
«Ciel adorable! voilà une fille qui est si

sotte qu'on lui ferait croire que les nues
sont de peaux de veau. Il n'est que temps
de la marier, ou elle nous fera arriver de
la honte.»

VI

LA NUIT DE NOCES DE JEAN LE DIOT

MA MÈRE, dit Jean le Diot, je voudrais
me marier. — Te marier! toi, pauvre
innocent: que ferais-tu d'une femme? Et qui
voudrait de toi? Pour se marier, il faut
avoir le culterrous (on appelle ainsi à la
campagne ceux qui possèdent du bien au
soleil), et tu n'as rien. Et puis, il faut aller
faire la cour aux filles et tu es trop diot (sot)
pour savoir comment t'y prendre. — Comment fait-on quand on va voir les filles? —
On va chez elles quand il y a veillée, on
leur fait toutes sortes de farces, on les pince,
on leur tire sur leur mouchoir quand elles
se mouchent, on leur hale leurs cotillons,
et on rit. — Bien, se dit Jean,» et il s'en va.
En passant dans un chemin creux rempli
de boue, il s'y assit, et quand il se crut

devenu suffisamment culterrous, il alla
à une ferme où il y avait veillée. Les gars
et les filles, en voyant entrer Jean le Diot
tout boueux, se reculaient pour lui faire
place et ne pas être salis par lui. Il finit
par trouver dans le foyer un escabeau où il
s'assit auprès d'une des filles, qu'il se mit
à regarder fixement. Celle-ci se recule;
Jean la pince, lui ôte violemment son mouchoir quand elle s'apprête à s'en servir et
rit comme un fou. La fille jette les hauts
cris; Jean croyant réussir auprès d'elle, tire
sur son cotillon avec tant de violence qu'il
arrache les cordons qui le retenaient attaché.
La fille, à moitié déshabillée, devint furieuse,
et Jean fut mis à la porte à grands coups
de pieds, au milieu des huées et des ricane-
ments de toute la compagnie. A partir de
ce moment, Jean le Diot ne voulut plus
faire la cour aux filles; mais sa mère qui se
sentait vieillir et avait besoin d'une bru
pour l'aider, lui dit un jour: «Jean, il faut
te marier. — Nenni, ma mère, j'ai été trop
attrapé quand j'ai été voir les filles. — C'est
pourtant bon d'être marié; ta femme te
donnera du poulet à manger.» Voilà Jean
qui consent, et on le marie. Quand il fut
couché avec sa femme, il crut qu'elle allait

lui servir du poulet, et il lui dit: «Donne-moi n'en. — Prends, répondit la mariée. — Donne-moi n'en, que je te dis. — Prends, va.» La nuit se passa ainsi, et le lendemain Jean le Diot vint dire en pleurnichant à sa mère: «Maman, je lui en ai demandé, et elle n'a pas voulu m'en donner. — Il ment, s'écria la mariée, je lui ai dit d'en prendre s'il voulait.» Et elle alla se plaindre à sa mère de l'avoir mariée à un diot qui passait toute la nuit à dire «donne moi n'en» sans rien faire autre chose. La bonne femme vit bien que son gendre était un niais, et elle lui dit que la nuit suivante, il fallait monter sur sa femme et pousser, où il sentirait du poil; Jean fit ce qui lui avait été recommandé, mais au lieu de s'allonger, il se mit en travers sur sa femme, et commença à pousser de toutes ses forces, mais sans succès, comme on le pense bien, les femmes n'étant pas percées dans le même sens que les bouches. Ce ne fut que la troisième nuit que Jean le Diot finit par apprendre comment il fallait s'y prendre pour avoir du poulet, et il le trouva fort à son goût et la mariée aussi.

Recueilli en Haute-Bretagne en 1869.

Cf. sur un épisode analogue au poulet, les Contes secrets traduits du russe: le Mariage du Benêt no. XIV.

VII

LA FERMIÈRE ET SON DOMESTIQUE

IL Y AVAIT une fois une fermière qui alla à la foire avec son domestique; en revenant, comme il faisait chaud, ils s'arrêtèrent à boire dans les auberges, et quand ils rentrèrent à la maison, ils étaient tous les deux un peu chauds de boire. La fermière alla pour se coucher dans une pièce où elle demeurait et comme elle était grise et fatiguée, elle s'endormit sur la met (huche) qui est devant le lit et sert à monter dessus. Le garçon qui était allé soigner ses chevaux passa par là en revenant, et il vit la fermière couchée sur le dos, le cotillon retroussé jusque par dessus les cuisses qui étaient écartées, le con bâillait même un peu; le garçon entendant la maîtresse ronfler, se pencha sur elle. Il était déjà entré et se trémoussait de son mieux, quand la fermière lui cria: «Jean! — Hau! (c'est ainsi qu'on répond quand on est à quelque distance, et qu'on veut dire qu'on a entendu). — Je crois qu'ous me l'mettez (Je crois que vous me le mettez). — Non

fait (Non certes). — Si fait, je l'sens ben ;
et qu'ous remuez tant qu'ous pouez (et que
vous remuez tant que vous pouvez). — Faut-i'
l'tirer? — Non, pisqu'il y est; mais faut pas
r'commencer.»

Haute-Bretagne.

Cf. dans le Moyen de Parvenir p. 289 éd. Charpentier, le conte du jardinier qui trouva sa maîtresse endormie. «Qui vous a fait si hardi, dit-elle. — Je m'ôterai,
s'il vous plaît, Madame. — Je ne vous dit pas cela; je
vous demande qui vous a fait si hardi!»

Cf. aussi pour la première partie: Noël du Fail éd.
Assézat T. II. p. 279.

VIII

LA CHANDELLE QUI FOND

IL Y AVAIT une fois un cordonnier qui
était toujours agacé par les filles d'une
ferme: elles lui prenaient ses alènes, lui
cachaient ses formes, et ne savaient quels
tours lui jouer; il y en avait surtout une qui
était plus acharnée que les autres, et qui
ne passait jamais devant lui sans l'appeler
cu-de-païe (cul de poix). Il résolut de s'en
venger: un soir que la pluie tombait à seaux,

2*

il se déguisa en bonne sœur et vint à la ferme. Les filles prièrent la sœur d'entrer, et comme le mauvais temps continuait, elles lui dirent de rester à coucher. La fausse bonne sœur ne se fit pas prier, et elle alla justement dans le lit de la fille qui avait coutume de le faire agacer. Quand ils furent couchés tous les deux, elle s'approcha de la fille et lui dit: «Au couvent, je couche avec une des sœurs, et avant de dormir nous nous amusons toutes les deux. — A quel jeu? — Au jeu de la chandelle qui fond. Tiens, voici ma chandelle. — Ah! dit-elle, comme vos chandelles sont dures, à vous autres bonnes sœurs; c'est pire que de la résine. Il faut un bon feu pour la faire fondre. — Relève ta chemise, dit la fausse bonne sœur. — Non, cela n'est pas propre. — Hé bien! si tu ne veux pas, je vais t'y faire un trou avec ma chandelle.» La fille releva sa chemise, et la bonne sœur lui mit sa pinne entre les cuisses. «Ah! ma sœur, votre chandelle me fait mal. — Écarte les cuisses, ou elle te percera.» La fille écarta les cuisses et bientôt la chandelle fondit, et comme la bonne sœur la retirait, la fille dit: «Elle est bien fondue cette fois, j'ai des gouttes de suif tout plein sur le ventre.»

Haute-Bretagne.

IX

LE BOSSU

IL Y AVAIT une fois un petit bossu qui était amoureux d'une jeune fille; mais elle ne voulait pas se marier avec lui. Un jour il dit au frère de sa bonne amie: «Si vous voulez, nous allons partir tous les deux pour faire notre tour de France. — Je veux bien, répondit le garçon. — Oui, dit le bossu; mais si vous voulez faire le voyage sans accident, il faudra m'obéir en tout et me laisser agir à ma guise. — Cela me va, répondit le garçon.» Il alla annoncer à sa mère qu'il partait avec le petit bossu: à cette nouvelle, elle se mit dans une si grande colère, qu'elle s'en roulait par la place. Quand le lendemain son fils partit, elle lui donna des pâtés empoisonnés, et une petite bouteille qui contenait, à ce qu'elle disait, un cordial; mais c'était du poison. Le bossu, qui était censément le domestique de l'autre, vint le trouver, et tous les deux montèrent à cheval. Ils voyagèrent quelque temps, puis le garçon dit qu'il avait bien faim. — Attendons à être près d'un château que je

connais, dit le bossu. — Y a-t-il encore loin?
— Pas beaucoup, répondit le bossu, mais
peu importe, je vous ai dit de m'obéir.» En
arrivant près du château, le jeune garçon
voulait goûter .aux pâtés que sa mère lui
avait donnés; mais le petit bossu lui défen-
dit d'y toucher, et ayant pris la bouteille,
il en versa quelques gouttes sur le foin des
chevaux. Ils n'y eurent pas plus tôt touché
qu'ils crevèrent tous les deux. «Les pâtés
sont faits avec le poison qui est dans la
bouteille, dit le bossu; si vous y aviez goûté
vous seriez à cette heure mort comme eux.»
Le garçon se contenta de manger du pain,
et voyant que le petit bossu était si fin, il
résolut de se laisser guider par lui. Ils
cheminèrent encore ce jour-là, et après avoir
passé la nuit à l'auberge, ils se remirent
en route le lendemain; ils marchèrent longtemps et vers midi, ils arrivèrent au milieu
d'une forêt, et ils se mirent à manger. Auprès d'eux étaient les deux pâtés empoisonnés; mais ils se gardaient bien de les
entamer. Pendant qu'ils étaient à dîner, ils
virent arriver deux brigands à cheval qui
leur demandèrent la bourse ou la vie. Le
petit bossu leur dit: «Il n'y a pas gras dans
notre bourse; mais si vous voulez manger,

voilà deux excellents pâtés qui vous feront
tout le bien du monde.» Les voleurs descen-
dirent de cheval et goutèrent aux pâtés;
mais aussitôt ils tombèrent morts. Le petit
bossu et son compagnon s'emparèrent de
leur argent, et montèrent sur leurs chevaux
qui étaient bien meilleurs que les leurs. Ils
continuèrent leur voyage et finirent par
arriver à la ville de Paris; et ils descen-
dirent dans le meilleur hôtel, parceque l'argent ne leur manquait pas. Tous les jours
à la même heure, on venait bannir quelque chose au son du tambour sous les
fenêtres de leur hôtel. Ils finirent par y
prêter attention, et ils surent que le roi pro-
mettait de donner sa fille en mariage à celui
qui lui aurait conté une devinaille qu'elle
n'aurait pu deviner. Beaucoup de gens
avaient déjà essayé; mais la princesse avait
toujours deviné. Le petit bossu dit à son
compagnon: «Laissez-moi faire: je vais lui
dire quelque chose; si elle devine, je veux
bien que le diable m'enlève.» Il alla au
palais et quand il fut en présence de la princesse, il lui dit: «Voici la devinaille:

Partis à quatre,
Quittés deux,
Partis deux,

Rentrés quatre,
Trouvé six,
Perdu deux,
Et nous sommes encore quatre.

La princesse réfléchit longtemps; mais
elle fut obligée de renoncer à deviner l'é-
nigme. Elle était bien marrie, et elle disait
à sa première chambrière: «Est-ce que je
serai forcée de prendre ce petit bossu qui
a si mauvaise mine? Tâche de savoir de lui
par ruse, ce que signifie sa devinaille. Si
tu y réussis, ta fortune est faite.» Le chambrière alla trouver le bossu, elle lui promit
de l'argent et s'y prit de toutes manières pour
connaître la devinaille; mais le petit bossu
lui déclara qu'il ne la lui dirait que si elle
venait coucher avec lui. La chambrière s'en
alla raconter à sa maîtresse que le bossu
avait été insolent avec elle, et qu'il lui avait
proposé de coucher avec lui. «Il faut y aller
pour l'amour de moi, dit la princesse; s'il te
prend ton pucelage, je te donnerai une si
belle dot que tu ne manqueras pas de mari,
quand même on saurait l'aventure.» Le
bossu avait prévenu son maître de venir au
logis un peu après sept heures, et de faire
beaucoup de bruit en rentrant. A sept
heures voilà la chambrière arrivée; elle fit

d'abord bien des cérémonies pour se déshabiller : elle finit tout de même par ôter
ses vêtements, et il ne lui restait plus
que sa chemise; mais le petit bossu déclara
qui si elle ne l'ôtait pas, il ne lui dirait rien.
Elle se décida à la tirer, et alla coucher
toute nue avec le petit bossu, qui serra la
chemise sous son matelas. Quelque temps
après qu'ils furent couchés ensemble, le compagnon du bossu rentra en faisant beaucoup de bruit : «Ah! s'écria le bossu, sauve-
toi bien vite, voici mon maître.» La chambrière n'osait s'en aller toute nue; mais
comme le bruit augmentait, elle finit par
s'en aller au palais, en se couvrant du
mieux qu'elle pouvait. Le lendemain le roi
fit venir le bossu et son maître et leur dit :
«Ma fille ne peut deviner votre devinaille.
— Je vais encore vous la redire :

> Partis à quatre,
> Quittés deux,
> Partis deux,
> Rentrés quatre,
> Trouvé six,
> Perdu deux
> Et nous sommes encore quatre.

Je donne encore deux jours à la princesse pour la deviner.» La princesse avait

beau réflechir, elle ne pouvait savoir ce que
cela signifiait. Elle décida sa seconde chambrière à aller trouver le bossu et à coucher
avec lui s'il le fallait. Elle se déshabilla
comme l'autre et ôta même sa chemise que
le petit bossu cacha sous sa paillasse. Peu
après le maître rentra et la chambrière fut
forcée comme l'autre de s'en aller sans sa
chemise. Le lendemain la princesse vint
elle-même pour savoir le mot de la devinaille;
mais au lieu du petit bossu elle trouva
son maître qui lui dit aussi de se déshabiller.
Quand elle n'eut plus que sa chemise, elle
voulut se mettre au lit; mais le garçon déclara qu'il ne dirait rien si elle gardait sa
chemise; elle l'ôta et le garçon fourra aussi
sa chemise sous son matelas. Il y avait
quelque temps qu'ils étaient ensemble, lorsque le petit bossu rentra en faisant grand
bruit: «Comment faire? dit le garçon à la
princesse; sauve-toi bien vite, ou le petit
bossu qui est si méchant va nous tuer tous.»
La princesse se leva aussi, et se cachant du
mieux qu'elle put, elle retourna toute nue
au palais. Le lendemain le roi fit venir le
bossu et son maître à sa cour, et leur dit:
«Ma fille n'a pu deviner votre devinaille;
c'est une blague, pour le sûr. — Non, sire,

et la voici: Nous sommes partis quatre, chacun de nous était monté sur un cheval, Les chevaux ont crevé, et nous n'étions plus que deux; il est survenu deux brigands à cheval: alors nous étions six; mais ils ont mangé du pâté empoisonné; nous avons pris leurs chevaux, et nous nous sommes trouvés qnatre. Voici encore une autre devinaille:

> J'ai tiré trois coups,
> J'ai tué trois perdrix,
> Les perdrix se sont envolées,
> Et j'ai leurs plumes dans mon sac.»

Le roi et la princesse essayèrent encore de deviner celle-là, mais ils ne purent y arriver. Alors le bossu dit: «J'ai tiré trois coups et j'ai tué trois perdrix; ces trois perdrix sont les deux chambrières de la princesse et la princesse à qui j'ai pris leur pucelage. — Ce n'est pas vrai, s'écria la princesse; ce n'était pas toi, vilain bossu. — C'était mon maître, c'est tout comme. Les trois perdrix, ayant entendu du bruit, sont parties du lit; mais comme je leur avais fait quitter leurs chemises, les voici dans mon sac et c'est la plume des perdrix.» Le roi était bien en colère d'être obligé de donner sa fille au petit bossu; mais celui-ci déclara qui si son

maître consentait lui donner sa sœur en
mariage il renoncerait à la princesse.   Cet
arrangement fut du goût de tout le monde:
ils firent de belles noces: les petit cochons
couraient par les rues, tout rôtis tout bouillis,
la fourchette sur le dos et la moutarde au
cu, et qui voulait en coupait un morceau.

Recueilli en Haut-Bretagne en 1879.

X

LE COUVRE-SOT

IL ÉTAIT une fois une jeune fille qui
avait un galant; il était sur le point
de l'épouser quand il entendit dire qu'un
jeune homme tout à fait riche devait venir
la demander à ses parents. Comme il savait
que ce garçon était d'un pays assez éloigné,
il alla dans une auberge sur la route que le
galant devait prendre, et quand celui-ci y
arriva, ils se mirent à causer ensemble, et
l'autre lui dit qu'il venait pour se marier.
«Connaissez-vous le langage du pays? lui
demanda le jeune homme. — Non. — Cela
vous serait pourtant bien utile. — Hé bien!

apprenez-le moi. — Savez-vous comment
s'appelle cette fenêtre? — Non. — Cela
s'appelle une cuisse. — C'est singulier; et
comment nomme-t-on un chapeau? — Un
couvre-sot. Et ce que la bonne femme est
en train de suspendre. (C'était une petite casserole.) — Je n'en sais rien. — C'est un cu.
— Très bien, dit-il, comme je vous remercie!» Il monta dans son carrosse, et quand
le père de la jeune fille le vit, il vint le
recevoir le chapeau à la main. «Ah! mon
ami, lui dit le jeune homme, remettez
votre couvre-sot.» Le père était mécontent
et ne le trouvait guère poli. La fille était
malade au lit; le galant demanda à la voir
tout de même, et on le fit monter dans sa
chambre dont les deux fenêtres étaient
ouvertes. «Ah! mademoiselle, lui dit-il, ce
n'est pas étonnant si vous êtes malade; vous
avez les deux cuisses ouvertes.» Le père
pensait: «Ce garçon ne vient ici que pour
nous insulter, il m'a dit de mettre mon
couvre-sot, et maintenant il dit que ma fille
a les cuisses ouvertes; c'est un mal élevé!»
Comme le gars descendait, il vit une femme
qui essayait d'atteindre une casserole pour
faire de la bouillie à son petit enfant.
«Attendez, lui dit-il, je vais vous attraper

votre cu. — Ah ! c'est trop fort, s'écria le père.»
Il mit le galant à la porte, et l'autre épousa
la fille.

Recueilli en Haute-Bretagne en 1881.

XI

LE COUVREUR EN PAILLE

UN COUVREUR EN PAILLE qui était déjà
vieux, avait épousé une femme jeune
et gentille. Elle fit envie au Recteur de sa
paroisse : «Quel dommage, pensait-il, qu'un
vieux couvreur en paille ait une si belle
femme!» Et il disait à sa paroissienne : «Si
tu veux que je couche avec toi, je te donnerai bien de quoi.» Elle y consentit, et
comme le bonhomme allait couvrir dans
les villages, et qu'il y restait parfois à coucher, elle convint avec lui d'un signal : «Je
mettrai, dit-elle, un os sur le bout du mur
de l'aire ; quand il aura le bout viré vers
chez nous, mon mari sera là ; s'il est viré
par ailleurs, vous pourrez venir sans crainte.»
Un soir le bonhomme était arrivé sans être
attendu, et il s'était couché avec sa femme.

Elle avait oublié de virer l'os en dedans. Tout d'un coup elle entendit frapper, pan, pan! à la porte. «Qui est là, dit le mari. — Ah! s'écria la femme d'un ton plaintif; que je suis malade! que je suis malade! J'ai manqué à virer l'os, je vais mourir.» Le Recteur qui était à la porte l'entendait bien; elle se débattait tant et faisait si grand bruit, que son bonhomme ne pouvait dormir. «Ah! s'écriait-elle, j'empire, il faut aller me chercher le prêtre.» Le bonhomme y alla en toute hâte, et quand le recteur arriva, la femme se plaignait bien haut: «Ah! s'écriait-elle, j'ai manqué à virer l'os. — Je crains qu'elle n'ait la fièvre cérébrale, dit le recteur. —Croyez-vous, demandait le pauvre homme, qu'il y ait du danger? — Laissez-moi avec elle, je vais la confesser.» Et, tout en la confessant, il lui disait: «Où pourrions-nous bien envoyer le bonhomme pour être à notre aise? — Envoyez-le, dit-elle, à Montpellier pour chercher l'eau de santé! Il restera deux ou trois jours en route, et nous pourrons faire bombance pendant qu'il y sera.» Le vieux couvreur prit son bâton et mit dans la poche de son tout-rond une bouteille pour rapporter l'eau de santé. Quand il fut parti, un coquetier vint à la maison de la femme qui lui dit, sachant qu'elle lui avait jadis joué des tours: «Reviens ce soir, et tu auras ta part de fricot. — Volontiers, répondit-il.» Le coquetier en se promenant rencontra le pauvre bonhomme qui s'était a d i r é (égaré): «Où vas-tu comme cela bonhomme? — Je vais à Montpellier chercher l'eau de santé pour ma femme qui est bientôt morte, et j'en ai bien du chagrin. — Ah! vieux couvreur, elle t'a envoyé promener pour faire bombance avec le curé tout à son aise: ne sais-tu pas qu'il couche avec elle toutes les nuits que tu restes dehors? Ils font un grand repas ce soir, et ils m'y ont invité; je te mettrai dans ma j a i l l e (hotte) si tu veux, et tu verras tout ce qui va se passer.» Le bonhomme monta dans la jaille, et il arriva sur le dos du coquetier au moment où ils allaient se mettre à table. Il y avait dans le foyer un canard à la broche. «Le canard n'est pas cuit, dit la servante qui avait nom Perrine; si j'avais su, je l'aurais mis de meilleure heure. — Passons à table, dit la femme, nous allons boire un verre de vin en attendant.» Dit le Recteur: «Il faut dire chacun sa petite chanson pour rire; nous ne pourrions bien manger sans cela. — Commencez, monsieur le Recteur.

— Non, répondit-il, à vous, madame. —
Et elle dit:

> Mon mari est à Montpellier,
> Chercher de l'eau pour ma santé,
> Pour la santé de ma maison,
> > Kyrie eleison.

— Le Recteur à son tour:

> J'ai un bon canard pour souper,
> Une jolie femme pour mon coucher,
> > Kyrie!

— A vous, coquetier. — Je ne sais trop
ce que je vais dire; mais voici ma chanson:

> J'ai un coq dans ma jaille,
> Qui n'a pas encore chanté
> Mais qui va crier: Kyrie!

— C'est très-bien; mais vous, Perrine,
il faut aussi dire votre conte comme les
autres. — Ah! non, dit-elle, je n'en sais
point. — Si, si, il faut en dire un:

Elle commença ainsi:

> J'ai bien compris dans vos chansons
> Que mon maître était à la maison,
> > Kyrie eleison.

Le bonhomme sauta alors hors de la
jaille, saisit un bâton, et se mit à en frapper
sa femme et le recteur, puis il s'enferma

Κρυπτάδια. II.   3

avec le coquetier et Perrine, et ils man-
gèrent le canard. J'allai aussi pour y entrer,
mais je m'en fus quand j'entendis tant de
coups de bâton rouler.

Recueilli en Haute-Bretagne en 1880.

(Variante angevine)

Il y avait une fois un bonhomme que sa
femme envoya chercher une cruche à la
ville; sur son chemin il rencontra un coquetier qui lui dit: «Ah! mon pauvre bonhomme, le curé est en train de fricoter chez
toi. — Ce n'est pas vrai. — Que veux-tu
parier? — Si tu as raison, je te donnerai la
récolte de blé qui est dans mon grenier. —
Monte dans ma hotte et tu verras.» Le coquetier arrive à la maison dont la porte
était fermée, et il y frappe. — Qui est là?
— C'est moi, le coquetier. — Ah! c'est vous,
coquetier, venez avec nous, vous allez être
de la fête.» Et elle le fit asseoir à côté du
curé. Quand ils eurent bien mangé, on
convint que chacun aurait dit une histoire.
Ce fut la bonne femme qui commença:

J'ai envoyé mon mari
A la fontaine devers midi,
Chercher de l'eau pour me guéri';
Monsieur l'curé me guérira,
   Alleluia!

Le coquetier chanta à son tour:

J'ai un vieux coq dans mon panier,
I' y a longtemps qu'i' n'a chanté,
Quand i' chantera on s'étonnera.
   Alleluia.

Le bonhomme qui était dans la hotte chanta aussi:

Fermez les portes, tournez les clés:
Le coquetier a gagné mon blé;
C'est le curé qui le paiera.
   Alleluia.

Quand le curé entendit cette voix qui sortait on ne sait d'où, il s'écria:

Vade, vade retro, Satana.

XII

JEAN LE MATELOT

I

ILL Y AVAIT une fois trois jeunes gens qui allaient voir une jeune fille; l'un d'eux s'appelait Jean le Matelot, et des deux autres l'un était perruquier et l'autre boulanger, et c'est par le nom de leur profession qu'on les désignait généralement. Depuis un an ils passaient régulièrement leur soirée chez leur bonne amie, et sa mère leur dit qu'il y avait déjà longtemps qu'ils courtisaient sa fille, qu'elle les trouvait aimables tous les trois; mais que comme sa fille ne pouvait en épouser qu'un seul, celui qui le lendemain montreraient les mains les plus blanches deviendrait le mari de la fille. Jean le Matelot était bien désolé de cette décision, car il n'espérait guère être choisi comme mari de sa bonne amie, lui qui avait toujours les mains dans la brai et le goudron; et les deux galants disaient en se moquant du marin: «A coup sûr, ce ne sera pas Jean le Matelot qui aura la fille!» Le perruquier

disait : «J'ai plus de cent personnes auxquelles je dois couper les cheveux et faire
la barbe, et je me savonnerai si bien que
c'est moi qui aurai les mains les plus
blanches. — Je les aurai, répondait le boulanger, encore plus blanches que toi : j'ai
à cuire deux fournées de pain dont je bou-
langerai la pâte ; je me laverai les mains à
l'eau douce et à l'eau tiède, et nous verrons
demain soir qui aura les mains les plus
blanches.» Jean le Matelot s'en alla tout
désespéré chez son armateur. «Qu'avez-vous
donc, Jean le Matelot? vous avez la mine
bien triste ce soir. — Oui, répondit-il, et ce
n'est pas sans raison ; car la mère de ma
bonne amie a dit à ses galants qu'elle donnerait sa fille à celui qui aurait les mains
les plus blanches, et c'est demain soir que
doit avoir lieu l'épreuve. — Va t'en demain
au navire travailler comme à l'ordinaire, dit
l'armateur ; puis, ton ouvrage fini, prends tes
habits des dimanches et viens me trouver ;
je te donnerai de quoi blanchir tes mains,
et sois sûr que c'est toi qui auras la fille.»
Au soir, l'armateur mit dans une des mains
de Jean une poignée de pièces de cinq
francs, et dans l'autre une poignée de louis
d'or. Les trois jeunes gens se rencontrèrent

sur le chemin qui conduisait chez la fille,
et le perruquier et le boulanger, tout en
gouaillant Jean le Matelot, l'invitèrent à venir
boire sa part d'une bouteille de vin. — Ah !
dit Jean le Matelot quand il en eut bu un
verre, voilà du bon vin de Champagne. —
C'est, répondirent les deux compères, du vin
de cinq francs la bouteille.» Jean alla trouver la maîtresse du café, et lui demanda
combien coûtait en effet ce vin. — Cinq
francs, dit-elle. — Et en avez-vous qui coûte
vingt francs le litre ? — Oui, il est facile de
vous en servir. — Apportez-en un litre, dit
Jean.» Tout en buvant le vin que Jean
avait fait venir, le perruquier se moquait de
lui, en disant : «Voilà du vin qui ne pique
pas la langue, il veut bien trois francs cinquante ou quatre francs. — De quel prix est
votre vin, demanda Jean à l'hôtesse. — De
vingt francs, répondit-elle. — Tenez, les voilà.»
Le perruquier disait au boulanger : «Moi qui
croyais qu'il n'avait pas d'argent, et il semble
en avoir plus que nous.» Les voilà tous
trois qui frappent à la porte du logis de
leur bonne amie, et qui y entrent. La mère
avait préparé un petit repas, et elle invita
les galants à s'asseoir, ce que le boulanger
et le perruquier firent sans se laisser prier,

mais Jean n'osait se mettre avec les autres parcequ'il avait les mains sales. A la fin, il vint pourtant s'asseoir à côté de la jeune fille, et les deux autres galants l'épiaient pour voir s'il ne lui faisait pas la cour. Quand ils eurent bien soupé, la bonne femme pria ses invités de venir se chauffer dans le foyer, car on était en hiver et il faisait froid. «Maintenant, dit-elle, je vais voir qui a les mains les plus blanches. Qui va montrer les siennes le premier?» Ce fut le perruquier qui commença à subir l'examen: «Vous avez les mains blanches, bien blanches, dit la mère; mais il vous est resté un poil sous l'ongle. — Ah! c'est vrai, répondit le perruquier, je ne l'avais pas vu. — Cela ne les empêche pas d'être blanches tout de même.» Quand vint le tour du boulanger: «Vos mains, dit la mère, sont encore plus blanches que celles du perruquier, mais il vous est resté un peu de pâte sous l'ongle.» Jean le Matelot vint à son tour, et au lieu de montrer ses mains, il attira de sa poche une poignée de pièces de cinq francs et une poignée de louis d'or. «Ah! s'écria aussitôt la bonne femme, voilà celui qui a les mains les plus blanches, et c'est celui-là qu'il nous faut.» Jean le Matelot fixa le jour de ses noces à quinze jours de là, pour avoir le temps de prier ses amis. Le perruquier et le boulanger voyant que leur bonne amie allait se marier, résolurent dès le lendemain d'aller demander chacun une fille en mariage. Huit jours avant la noce, Jean dit à sa future: «J'ai oublié d'inviter à notre mariage le perruquier et le boulanger. — Il est encore temps de les prier, va les trouver tous les deux.» Jean arrive chez le perruquier et lui dit: «Voulez-vous venir à mes noces? Volontiers, répondit-il, quand sont-elles? — Mardi prochain. — Ah! c'est ce jour là que je me marie aussi moi, ce qui fait que je ne peux accepter.» Jean alla ensuite chez le boulanger pour l'inviter à ses noces: «Quand ont-elles lieu? — Mardi prochain. — Et les miennes aussi, et je ne peux y aller.» Les trois paires de noces arrivèrent dans le bourg même temps, et ils se marièrent à la mairie et à l'église.

II

Jean le Matelot passa quelques jours à se réjouir comme c'est l'usage; puis il dit à sa femme: «Voilà trois jours que je suis marié, il est temps que je retourne travailler à bord de mon navire. A midi, tu viendras m'apporter à manger.» Jean le Matelot s'en alla à bord, tout joyeux d'avoir une jolie petite femme. A midi, elle lui mit son dîner dans un panier, et comme elle le portait, elle rencontra le perruquier qui lui dit: «Bonjour, ma petite dame, comment allez-vous? — Pas mal, je vous remercie. — Votre mari va-t-il rentrer ce soir à la maison? — Je n'en sais rien; mais pourquoi me demandez-vous cela? — Parceque je voudrais bien coucher avec vous ce soir; si vous y consentez, je vous donnerai mille francs. — Je vous dirai cela en repassant.» Un peu plus loin, elle vit venir le boulanger qui lui tint le même propos et elle lui fit la même réponse. Elle arriva au navire et dit à Jean le Matelot: «Tiens, voilà ta soupe, ta viande et ton cidre que je t'apporte.» Jean l'embrassa pour sa peine, et elle lui dit: «J'ai rencontré en venant ici le perruquier et le boulanger qui m'ont tous les deux demandé si tu reviendrais ce soir à la maison. — Qu'as-tu répondu? — J'ai dit que je n'en savais rien et qu'à mon retour je leur donnerais une réponse; ils m'ont dit que si je voulais coucher avec eux, ils me donneraient mille francs chacun. — Il faudra dire au

perruquier de venir à sept heures et demie,
et au boulanger d'arriver à huit; tu leur
apprêteras un petit repas; mais tu auras soin
de ne pas te coucher avant neuf heures.»
Les deux galants qui voulaient faire cocu le
pauvre Jean de Matelot arrivèrent à l'heure
dite, et se mirent à souper. Ils finirent par
tirer à la courte-paille pour savoir celui qui
aurait couché le premier avec la femme, et
le sort désigna le boulanger. Le perruquier
dit que le lit était bien assez large pour
trois, et les deux galants comptèrent l'argent,
que la femme enferma à clé dans son armoire, en faisant résonner son trousseau. Le
boulanger et le perruquier se déshabillèrent
et ils étaient en chemise lorsqu'on entendit
frapper à la porte. «Qui est-ce qui est là?
— C'est moi, Jean le Matelot. — Ah! dit-
elle, c'est mon mari. Où vous cacherai-je
donc bien? tenez voilà un grand panier à
coulisse qu'on suspend au plancher avec
une corde; mettez-vous dedans, je vous re-
monterai, et l'on ne s'apercevra pas que
vous êtes là. — As-tu fini de me faire
attendre! — Je vais tout de suite, je suis à
mettre mon cotillon de dessous.» Quand
le mari fut entré, il ne fit pas mine de savoir que les deux galants étaient là. «Comme

tu as du fricot ce soir. — C'est pour toi que
l'ai fait et je t'attendais. — Qui a mis ces
belles pâtisseries-là ?» Le boulanger qui les
avait apportées et entendait tout du panier
se gardait de répondre, et ainsi fit aussi le
perruquier quand on parla des belles poires
qui étaient sur la table. — «Ma foi, dit Jean,
puisque nous avons tant de bien ce soir, j'ai
envie d'inviter le perruquier et le boulanger
à venir en manger leur part avec leurs
femmes. Va t'en les chercher.» Elle partit
et arriva chez la femme du boulanger qu'elle
invita: «Je ne sais pas, dit-elle, où est mon
mari; il est peut-être au cabaret à jouer aux
cartes, mais je vais aller avec vous.» La
femme du perruquier dit la même chose, et
les trois femmes arrivèrent à la maison de
Jean le Matelot. Quand ils eurent bien
soupé, Jean dit: «Je boirais bien un peu de
thé, va t'en en chercher, Marie. — Je vais
aller avec vous, dit la femme du boulanger.»
Quand les deux femmes furent parties, Jean
le Matelot se mit à serrer de près la femme
du perruquier et il la coucha sur le lit, et
joua avec elle le jeu de la chandelle
qui fond, pendant que le perruquier qui
voyait tout de son panier, disait tout chagrin: «Je voulais le faire cocu, mais c'est moi

qui le suis par lui et à ma barbe.» Les femmes
qui étaient à chercher le thé revinrent;
mais elles avaient oublié le sucre; la femme
du perruquier s'offrir à accompagner Marie
jusque chez l'épicier, et Jean le Matelot resta
seul avec la femme du boulanger: il la
coucha sur le lit, et pendant qu'il la baisait,
le boulanger disait: «Nous voulions le faire
cocu, et c'est lui qui nous le fait, et devant
nous encore.» En buvant le thé, la femme
du boulanger et celle du perruquier qui
étaient de belle humeur, demandèrent à Jean
le Matelot de leur montrer comment il faisait en mer quand arrivait un grain: «Je ne
peux pas mieux vous le faire voir qu'à l'aide
de ce panier qui est en l'air. Supposez que
ce soit un hunier, et que la brise ne soit
pas très forte, on l'amène en douceur; si le
grain devient plus violent, on l'amène en
pagale.» Voilà le panier par terre avec les
deux gaillards en chemise qui se sauvaient
de leur mieux, mais non assez à temps pour
éviter des coups de bâton que leur donna
Jean le Matelot. «Qu'est ce que cela? disaient
les femmes. — Ce sont des voleurs, répondait Jean.» Elles coururent après les deux
hommes qui se sauvaient: «Ah! dit la
femme du boulanger, c'est mon mari! —

C'est le mien aussi, criait la femme du perruquier. Si j'avais su cela, je ne serais pas venue ici.»

Recueilli en Haute-Bretagne en 1879.

Cf. dans les Contes secrets traduits du russe : La Femme rusée no. LXV, et Jean Catornoix conte picard p. 339 des Κρυπτάδια, t. 1. Ce thème était du reste très-populaire au Moyen-Age.

XIII

LE GARDEUR DE LIÈVRES

IL Y AVAIT une fois un Roi dont la fille était en âge d'être mariée. Il fit publier au son du tambour qu'il donnerait la princesse en mariage à celui qui apporterait au château les plus belles pommes d'orange. Une bonne femme qui avait des oranges dans son jardin en cueillit trois des plus belles qui se pussent voir, les mit dans un panier et dit à son fils aîné de les porter au château. C'était un garçon grand et fort, qui ne craignait personne, mais qui avait l'habitude de parler aux gens comme à ses chevaux, c'est-à-dire avec peu de politesse.

A quelque distance de la ferme, il rencontra
une vieille chercheuse de pain qui marchait
péniblement en s'appuyant sur un bâton; en
entendant le pas délibéré du jeune gars, elle
se retourna et lui dit: «Que portez-vous
dans ce panier? — Des patates, la vieille.
— Hé bien! je souhaite qu'elles soient de
la plus belle espèce qu'on ait jamais vue.»
Quand le gars découvrit son panier en présence du roi, au lieu de contenir des pommes
d'orange, il était rempli de pommes de terre.
«Va t'en, insolent, s'écria le Roi; ce que tu
m'apportes est à peine bon pour mes cochons.» Le garçon s'enfuit en toute hâte,
et il se garda bien de raconter sa mésaventure à sa mère; il dit seulement qu'on
n'avait pas voulu le laisser entrer. Le lendemain, la bonne femme cueillit encore des
pommes d'orange, et dit à son second fils
de les porter au château, et d'avoir soin
d'être bien poli en y entrant; car elle pensait que c'était la grossièreté et l'insolence
de son aîné qui l'avaient empêché de réussir.
Il rencontra à son tour la vieille qui lui demanda ce qu'il avait dans son panier. «Des
œufs de coucou, répondit-il en se moquant.
— Amen, dit la pauvresse.» Quand le Roi
ouvrit le panier, et qu'il le vit rempli des

œufs de cet oiseau de mauvais présage, il se coléra encore plus que la veille, et ordonna à ses domestiques de mettre à la porte celui qui osait ainsi se moquer de son seigneur. Les gens du château ne se le firent pas dire deux fois, et le malheureux garçon revint à la maison, les habits en désordre, tout écloppé et tout penaud.

Il y avait à la ferme un troisième enfant qui était tout petit et n'avait point la grosse santé de ses frères ; mais il était fin comme la pointe d'une aiguille, et son bon caractère le faisait aimer de tout le monde. Il pensa que ses aînés avaient fait quelque sottise, et il se promit de se conduire de manière à parvenir sans encombre jusqu'au roi. Il prit ses habits des dimanches, et demanda à sa mère la permission d'aller porter au roi des pommes d'orange. Elle refusa d'abord de lui en cueillir, en lui disant que ses frères avaient mal réussi, mais il la supplia tellement, il fut si câlin et si boudet, qu'elle finit par lui donner de belles pommes d'oranges, et il partit avec son petit panier au bras. Il trouva aussi la vieille mendiante qui lui dit : «Bonjour, mon jeune gars : que portes-tu dans ton panier ? — Des pommes d'oranges pour épouser la fille du roi. — Tu

voudrais donc bien te marier avec la princesse? — Ah! oui, car je serais riche, et je
pourrais faire du bien à ma mère sur ses
vieux jours. — Hé bien! si le souhait d'une
pauvre vieille peut t'être utile, je désire que
tes oranges soient les plus belles qu'on ait
jamais vues.» Les domestiques du château
ne voulurent point d'abord le laisser entrer;
car ils pensaient que le roi serait très-irrité
si on lui jouait encore une farce; mais le
jeune gars leur parla d'un ton si doux et si
poli, qu'ils allèrent demander au monarque
s'il voulait voir les pommes d'oranges qu'on
lui apportait. «J'y consens, dit-il; mais si
ce garçon a l'audace de vouloir me tromper, et se moquer de moi comme les autres,
il sera pendu.» Ses oranges furent trouvées
belles et chacun se récriait sur leur grosseur
et leur bonne mine.   Mais quand la princesse vit ce petit garçon maigriot et assez
mal vêtu, elle refusa de l'épouser, et dit à
son père de chercher un prétexte pour éluder
sa promesse. «Tu veux épouser ma fille,
dit le Roi; mais auparavant il faut que tu
subisses une épreuve. Tu vas aller dans la
forêt avec un lièvre; tu le garderas pendant trois jours, en ayant soin de le ramener ici tous les soirs, et le troisième

jour, il faudra que tu rapportes une pa-
nérée de vérités.

* * *

On lâcha le lièvre à la lisière de la forêt.
et il s'enfuit à toutes jambes: le petit gars
s'assit sur une pierre, et il se mit à pleurer.
Comme il s'essuyait les yeux, il vit devant
lui la bonne femme qui lui demanda pourquoi il était affligé. «Ah! dit-il, j'ai porté
les pommes d'oranges au roi; mais on n'a
pas voulu me donner la princesse, à moins
que je ne puisse garder pendant trois jours
un lièvre. Et comment le pourrai-je, puisqu'il vient de s'échapper sitôt qu'il a été
lâché! — Tiens, petit gars, voici une
baguette: quand tu voudras que le lièvre
revienne à toi, tu en frapperas trois coups
et il accourra aussitôt. Mais on va venir
te demander à l'acheter: ne le cède à personne qui vive, à moins qu'en échange, il
ne consente à te donner un morceau de sa
peau.» Le petit gars se hâta de frapper
trois coups, et aussitôt le lièvre accourut, et
quand il fut bien sûr de pouvoir le faire
revenir à sa guise, il le laissa se promener
dans la forêt. Bientôt, il arriva un seigneur

qui voyant le jeune garçon avec une petite
baguette à la main, lui demanda ce qu'il
faisait là. «Je garde un lièvre, répondit-
il, en sifflant comme pour appeler; mais
en même temps il frappait trois coups sans
faire mine de rien, et le lièvre accourut. —
Vends-moi ton lièvre, dit le Seigneur; je t'en
donnerai autant d'argent que tu voudras.
— Je ne désire point d'argent, répondit le
gars, je ne veux qu'un petit morceau de
peau pris dans la peaume de votre main.»
Le seigneur se récria, mais comme le roi
l'avait envoyé pour tâcher d'avoir le lièvre,
il finit par consentir, et laissa le gars lui
tailler une petite bande de peau avec son
couteau. Il prit ensuite le lièvre, et le garçon ramassa la peau dans un coin de son
mouchoir auquel il fit un nœud. Quand le
seigneur eut le dos tourné, il frappa trois
coups, et aussitôt le lièvre accourut, et le
soir en rentrant au château il le montra au
roi.

* * *

Le lendemain, il retourna à la forêt avec
son lièvre, et pour passer le temps, il se mit
à ramasser des lucets. Vers midi, il vit
venir le carosse du roi, qui s'arrêta à quelque

distance, et le prince vint seul lui demander à acheter son lièvre. Il s'était déguisé, mais le petit gars le reconnut bien. «Je ne le vendrai, dit-il, ni pour or ni pour argent; mais il est à vous si vous voulez me donner un morceau de votre peau. — Comment! s'écria le roi. — Ah! peu m'importe l'endroit où il sera pris: si vous voulez, ce sera sur vos fesses, cela vous fera moins de mal et on ne s'en apercevra pas.» Le roi finit par consentir, et le gars fit un nœud à son mouchoir et y serra la peau royale, puis il donna le lièvre au prince qui le mit luimême dans le coffre de sa voiture. Le petit gars, quand vint le soir, frappa trois coups; à ce moment même on ouvrait le coffre de la voiture, et le lièvre se sauva sans qu'on pût l'arrêter; et en rentrant, le petit garçon le ramena avec lui.

* * *

Le lendemain la princesse alla à la forêt et demanda à son tour à acheter le lièvre. «Je ne le vends pas, répondit le petit gars, et vous ne l'aurez ni pour or ni pour argent, mais je vous en ferai cadeau si vous voulez me donner votre pucelage.» La princesse fut sur le point de se fâcher; mais voyant qu'il n'y avait personne aux environs, elle suivit le petit gars dans un coin de la forêt. Il lui enleva son pucelage et le serra dans son mouchoir à côté de la peau du roi et de celle du seigneur, puis il lui donna le lièvre. Elle le ramassa dans son tablier, mais il n'y resta pas longtemps, car le gars frappa trois coups de baguette et il revint aussitôt. Au soir, il ramena le lièvre au château et réclama la main de la princesse. «Il te reste, dit le roi, à accomplir la seconde partie de l'épreuve; où est ta panerée de vérités? — La voici, dit le garçon en défaisant un des coins de son mouchoir. Ordonnez à ce seigneur d'ouvrir la main..... — Oui, oui, c'est vrai! s'écria le Seigneur. — J'ai encore un morceau de peau, et il serait facile de voir où il a été pris.... — Ne dis rien, s'écria le roi. — Voici, continua le gars, une petite peau que j'ai prise à une belle demoiselle que j'ai dépucelée dans la forêt. — Ah! coquin, s'écria la princesse, si j'avais su que tu le dirais.... — Comment c'était toi, dit le roi — Oui, mon père. — Alors, épouse ce garçon: il est aussi fin qu'un vieux sorcier.» Ils se marièrent et ils firent de belles noces, et moi qui y étais, on me mit à m'en aller au soir, et c'est tout ce que j'en vis.

Recueilli en Haute-Bretagne en 1879.

Cf. dans les Contes secrets traduits du russe: le Chalumeau merveilleux no. LIV.

XIV

LE DIABLE DUPÉ

UN GROS fermier menait boire ses bœufs, et il était assis sur l'un d'eux. Il rencontra un diable qui lui dit: «Tu as de bien beaux bœufs: que leur as-tu fait pour les rendre si gras et si luisants? — Je les ai fait c o u p e r (châtrer) et leur ai donné à manger de la piétinure de chanvre. — Et si on m'en faisait autant, est-ce que je deviendrais comme tes bœufs? — Probablement oui. — Alors traite-moi comme tes bœufs.» Quand l'homme eut châtré le diable, celui-ci lui dit: «Comment t'appelles-tu? — Moi-même, répondit le fermier.» Le diable retourna avec ses compagnons, et comme sa blessure le faisait souffrir, il leur disait: «Ah! j'ai bien mal à mon cu. — Pourquoi? — Parceque je suis châtré comme les bœufs, pour devenir aussi gras et aussi luisant qu'eux. — Et qui t'a coupé? — C'est Moi-même.» Les autres diables éclatèrent de rire, et le petit diable furieux revint trouver le fermier en lui disant qu'il se vengerait de lui s'il voyait qu'il l'avait trompé, et il déclara qu'il reviendrait bientôt. Le fermier raconta à sa femme les menaces du diable: celle-ci qui était fine, lui dit: «Laisse-moi faire, je me charge de tout.» Elle changea d'habits avec son mari, et alla à l'endroit où le diable devait venir. Celui-ci ne tarda pas à arriver et il s'écria: «Toi, Moi-même, es-tu coupé aussi? montre si tu t'es moqué de moi.» La femme ôta ses culottes et montra son con au diable; quand celui-ci l'eut vu, il s'écria: «Ah! tu es encore coupé plus ras que moi.»

Recueilli en 1878 en Haute-Bretagne.

Cf. pour l'énorme solution de continuité, et la ruse de la femme, le diable de Papefiguière de Rabelais, liv. IV ch. XLVII.

XV

LA CHIQUE

IL Y AVAIT une fois un matelot qui s'appelait la Chique; il demanda à son capitaine la permission de descendre à terre. Pendant qu'il s'y promenait, une belle dame l'appela par la croisée: «Venez ici, dit-elle, je veux vous parler.» Il ne se fit pas prier; la dame l'invita à souper, et lui dit de rester jusqu'au lendemain matin puisqu'il avait une permission. Le lendemain, il arriva à son bord deux heures après la fin de sa permission. «Pourquoi es-tu en retard? lui demanda son commandant. — C'est une dame qui m'a appelé, et je suis resté à coucher avec elle. — Raconte-moi cela, la Chique.» Le matelot fit le récit de point en point et décrivit l'appartement et la dame, si bien que le capitaine reconnut sa maison et sa femme. «Retourneras-tu, dit-il, chez cette belle dame? — Oui, répondit la Chique; elle m'a fait promettre de revenir. — Je te donne encore permission, et voici vingt francs pour t'amuser, dit le capitaine.» Comme la Chique était couché avec la dame, la commandant arrive et frappe à la porte. «Ah! dit-elle, c'est mon mari: où te cacher?» Elle le fit se mettre dans une statue qui était creuse, puis elle alla ouvrir au capitaine. «Tu m'as fait bien attendre, dit-il en dégainant son sabre; il y avait quelqu'un avec toi, je vais le tuer.» Il fouilla partout et ne trouva personne; quand il fut parti, la Chique sortit de sa cachette et retourna à bord: «Qu'as-tu fait cette nuit? demanda le capitaine. — Ah! dit le Chique, je suis retourné chez la dame, mais cette fois, je n'ai pas été tranquille. Le mari est venu, il a tiré son sabre, et fait le tremblement; mais j'étais bien caché dans une statue creuse, et il n'a pu me trouver. — Iras-tu encore chez la dame? — Tant que vous voudrez, capitaine, je ne demande que cela. — Hé bien! je te donne permission et voici vingt francs pour faire le garçon.» A peine était-il couché avec la dame, que le commandant frappe à la porte: «Ah! voici encore mon mari: où te cacher? tiens, mets-toi derrière ce grand manteau.» Le commandant degaine son sabre, frappe la statue et la met en pièces, puis il cherche partout, mais ne songe pas au manteau. Quand la Chique fut de retour à bord, le commandant lui

demanda des nouvelles de sa nuit. «Le
mari est encore revenu, il a fait du ta-
page, et sabré la statue, mais j'étais derrière un manteau, et il ne m'a pas vu. —
— Retourne encore demain, dit le commandant. — Ça n'est pas de refus, capitaine.»
Le capitaine vint encore frapper à la porte,
le marin se sauva en grimpant par la
cheminée, et le capitaine se précipita l'épée
à la main sur le manteau qui était dans la
croisée, et le transperça; mais il n'y avait
personne derrière. Le lendemain matin, le
capitaine dit à la Chique: «Comment cela
s'est-il passé cette nuit? — Ah! mon homme
est encore revenu, il a juré et tempêté, et a
passé son épée à travers son manteau, mais
j'étais dans la cheminée, bien en sûreté. —
Retourne ce soir, dit le commandant en lui
donnant vingt francs.» Pendant la journée,
le commandant fit apporter des fagots tout
autour du château, et en mit aussi dans les
chambres et dans la cheminée. Au milieu
de la nuit, on entendit encore frapper à la
porte de la chambre. «C'est mon mari: où
te fourrer? Tiens, je vais te mettre dans ce
grand coffre, ses papiers sont dedans, et il
aura soin de l'emporter; quand à moi, il ne
me brûlera pas.» Le capitaine entra, et

après avoir cherché partout sans succès, il commanda à deux matelots de porter le coffre à bord; puis il mit le feu au château, après avoir placé tout autour des sentinelles auxquelles il avait donné l'ordre de tirer sur ceux qui sortiraient du château. Quand la Chique fut un peu éloigné, il cria : «Ohé ! les gars, ouvrez donc un peu la malle.» Il sortit et la referma, puis il alla prendre son fusil et son sabre, et vint prendre son rang parmi les matelots qui faisaient le guet, et il disait tout haut: «Si quelqu'un sort du château, je ne le manquerai pas.» Quand le capitaine le vit à son poste, il lui dit : «Tiens voilà cent francs, fous-moi le camp, et que je ne te revoie jamais.»

Cf. Jean Catornoix *conte picard* t. 1, p. 339 des *Κρυπτάδια*.

XVI

LA SAUCE

IL Y AVAIT une fois un domestique qui cherchait à se gager; il rencontra un monsieur qui lui dit: «De quel état es-tu? — Je suis de tous états? que vous faut-il? — Un cuisinier. — Je suis cuisinier.» Le monsieur ne lui demanda pas son nom; et quand il arriva à la maison, il dit à sa femme qu'il avait loué un domestique. — Comment s'appelle-t-il? — Ma foi, je n'ai pas pensé à lui demander son nom.» Quand la dame vit le domestique, elle lui demanda comment il se nommait: «Je m'appelle le Rideau, madame.» Le monsieur rentra et lui dit: «Comment vous nommez-vous, mon ami? Ah! monsieur, répondit-il, j'ai un bien drôle de nom; j'ai nom: J'enrage.» La demoiselle vint à son tour et lui dit: «Quel est votre nom? — Ah! répondit-il, je l'ai dit à votre papa et à votre maman; mais je ne vous le dirai pas. — Si, si. — Je m'appelle la Sauce.» Au dîner on servit un plat où il y avait de la sauce; la demoiselle qui la trouvait à son gré, disait à chaque instant: «Ah! la bonne

sauce! ah! la bonne sauce! — Tu en manges
trop, tu seras malade!» Après le souper le
cuisinier alla à la chambre de la demoiselle
pour d r u g e r; il se coucha sur elle, et
comme il la pressait, elle criait: «Maman, la
Sauce me gêne! la Sauce me gêne! — Je
t'avais bien dit que tu en mangeais trop.»
Mais comme elle continuait de se plaindre, sa
mère monta, et elle cria à son mari. «Viens
vite, le Rideau est au lit de mon enfant! —
Est-ce que ce n'est pas là sa place? répondit-il.» Il monta à son tour, et quand le
domestique le vit, il s'enfuit, et le monsieur
courait après lui en criant: «J'enrage! J'enrage!» Ses domestiques le saisirent, et il
leur dit: «Mais ce n'est pas moi qu'il fallait
arrêter, mais mon cuisinier. — Ah! notre
maître, vous criiez: «J'enrage, et vous croyions
que vous enragiez.»

Recueilli en Haute-Bretagne en 1881.

Dans une autre version, le domestique dit à son
maître qu'il se nomme «Attrape mes couilles par derrière»,
ce qui donne lieu aussi à l'équivoque finale.

XVII

COMME VOUS

UN BOURGEOIS rencontra un jeune garçon à la mine éveillée, et il lui demanda s'il voulait entrer à son service:
«Volontiers, monsieur, dit-il. — Comment
t'apelles-tu? — Comme vous voyez. — C'est
bien, va au logis, présente-toi de ma part
et on te dira ce qu'il y a à faire.» Le garçon dit à la cuisinière qu'il se nommait le
Chat, au garçon qu'on l'appelait Moi-même,
et quand la maîtresse de la maison lui demanda son nom. «Embrasse-la, répondit-il.
— Va, dit la dame, te présenter à ma fille
qui est dans sa chambre.» La demoiselle
lui demanda son nom: «La Goutte, répondit-il, en l'embrassant. — Maman, dit la
jeune fille, la Goutte me tient. — Allonge-
toi, et te remue un peu.» Un moment après,
elle cria: Embrasse-la! pour appeler son
garçon. — Vous voyez bien, mademoiselle,
que je ne fais qu'obéir aux ordres de votre
mère.» Et il continua à presser la fille de
se laisser faire et elle se laissa baiser, croyant
que sa mère le lui ordonnait. Quand il descen-

dit à la cuisine, il y prit tout ce qu'il y avait de meilleur, et comme la cuisinière criait qu'on la volait: «Qui est-ce, dit sa maîtresse? — C'est le Chat. — Mets-le à la porte.» L'autre garçon en voyant le voleur s'enfuir, courut après, et l'atteignit sur le bord de l'étang; mais le rusé compère le poussa si adroitement qu'il tomba à l'eau. Il se mit à pousser les hauts cris, et son maître arrivé au bruit, lui demanda qui l'avait jeté là. — Moi-même, répondit-il. — Alors, restes-y.

Recueilli en Haute-Bretagne en 1878.

L'équivoque sur les noms se retrouve en un grand nombre de contes populaires; pour ne parler que de ceux qui rentrent dans le cadre des Κρυπτάδια, on en trouve des exemples dans les «Contes secrets traduits du russe» no. LXXV, LXXVI et dans les contes no. XIV, XVI et XIX (variante) du présent recueil.

XVIII

LE MAHI-MAHA

IL Y AVAIT une fois dans une ville capitale un homme qui était orfèvre de son état. Comme il avait la réputation d'être habile et de pouvoir faire tout ce qu'il vou-

lait, le roi le fit un jour appeler et lui dit:
«Orfèvre, il faut que tu me fasses un Mahi-
Maha. — Comment voulez-vous que je le
puisse? je ne sais ce que c'est. — Arrange-
toi comme tu voudras, dit le roi; si d'ici un
mois je n'ai pas le Mahi-Maha, je te fais
chasser de mon royaume et je publierai partout que tu ne sais pas ton métier.» L'orfèvre rentra à la maison bien affligé, et il
dit à sa femme; «Le roi m'a commandé un
Mahi-Maha, et m'a menacé, si je ne pouvais
le lui donner d'ici un mois, de me chasser
de son royaume. Comme je ne sais ce qu'il
me demande, je pense qu'il vaut mieux que
j'aille m'établir ailleurs, que d'être chassé à
ma honte de ce pays-ci. Reste à garder la
boutique, et quand j'aurai trouvé un bon
établissement, je reviendrai te chercher.» Il
se mit en route, et il marcha longtemps: un
jour qu'il était fatigué, il fit la rencontre
d'une Fête (fée) qui lui dit: «Où vas-tu
comme cela, mon brave homme? — Je n'en
sais rien; je suis orfèvre, et je suis parti
pour chercher un établissement. — Tu pa-
rais bien lassé? — Oui, car il y a longtemps
que je marche; mais ce qui me gêne le plus,
c'est que j'ai soif, et je ne trouve pas d'eau.
— Tiens, lui dit la Fête, voici une baguette;

tu en frapperas trois coups sur le premier
rocher que tu trouveras, et par sa vertu, il
en jaillira une fontaine. Voici de plus un
verre d'argent pour boire dedans.» L'orfèvre frappa le premier rocher qu'il rencontra, et par la vertu de sa baguette, il en
sortit une fontaine qui était claire comme
on ne peut pas voir. Il emporta avec lui
sa baguette, pour s'en servir pendant son
voyage. Il y avait bien du temps qu'il était
parti de chez lui, quand il rencontra une
autre Fête qui lui dit: «Te voilà qui voyages,
et ta femme se marie demain. Mais tu peux,
par la vertu de la baguette que tu as, être
rendu chez toi demain soir, et tu pourras
punir ta femme si tu le désires. Sous quelle
forme veux-tu rentrer chez toi ? En chien
ou en chat ? — En chat, répondit l'orfèvre,
je serai plus libre de mes mouvements. —
Hé bien, que ce soit en chat, dit la fée.»
L'orfèvre arriva dans son pays, et le soir
au moment où les nouveaux mariés allaient
se coucher, il se cacha sous leur lit, et il
était sous la forme d'un chat. Quand sa
femme fut à moitié déshabillée, elle prit à
la main son pot de chambre, et se mit dessus
pour pisser; aussitôt l'orfèvre dit: «Par la
vertu de ma baguette, attache-là.» Aussitôt

elle fut collée si dur qu'elle ne pouvait retirer sa main ni changer de position. Elle
appela son nouveau mari à son secours, et
il essaya de la décoller; mais l'orfèvre dit
encore: «Par la vertu de ma baguette, attache-là.» Et le nouveau marié resta les
deux mains collées sur le pot. La femme
se mit à crier au secours: il vint des voisins
et des amis en foule; mais à mesure qu'ils
s'approchaient du pot de chambre, ils y
étaient collés par la baguette de l'orfèvre,
et quand il n'y eut plus de place, ils restaient
collés les uns aux autres. La chambre fut
bientôt remplie; il y en avait tout au long
de l'escalier et jusque dans la rue. Alors
l'orfèvre descendit et reprit sa forme na-
turelle. «Voilà, dit-il, un commencement
de Mahi-Maha; je vais mener tout ce
monde au roi et savoir s'il sera content.»
Par la vertu de la baguette tout ce monde
fut contraint de le suivre, et le nouveau
marié et sa femme étaient devant, elle
assise, lui, les mains collées sur le pot de
chambre. Comme ils passaient par une
plaine, un des hommes du cortège eut besoin de s'arrêter: tous furent obligés de
rester à la même place jusqu'à ce qu'il eût

fini. Il prit une poignée d'herbe pour se
torcher le cul; mais sa main resta, par la
vertu de la baguette, attachée à la poignée
d'herbe. Il y avait là une vache qui pâ-
turait; dès qu'elle vit cette belle poignée
d'herbe, elle accourut pour la manger; mais
lorsqu'elle l'eut dans la bouche, l'orfèvre dit:
«Par la vertu de ma baguette, attache-là.»
Et la vache fut réunie au cortège qui se remit en marche. Un peu plus loin, un taureau crut la vache en chaleur; et il grimpa
dessus; mais dès qu'il y fut, l'orfèvre dit:
«Par la vertu de ma baguette, attache-là.»
Ils se remirent en route, et comme ils
passaient par l'aire d'une ferme, un homme
qui était à chauffer son four voulut frapper
le taureau avec sa patouille. «Par la vertu
de ma baguette, attache-là, dit l'orfèvre.»
Le cortège arriva à la cour, et il dit au roi:
«Sire, voici le Mahi-Maha que vous m'aviez
demandé? le trouvez-vous à votre goût?»
Le roi se mit à rire, et il dit à l'orfèvre de
lui demander ce qu'il voudrait. L'orfèvre
se contenta de reprendre sa boutique, et il
emmena sa femme qui put cesser de chevau-
cher son pot de chambre, et tous ceux qui
étaient collés les uns aux autres cessèrent

d'être attachés. Et moi quand je les vis de-
barrassés, je m'en revins.

Recueilli en Haute-Bretagne en 1880.

XIX

LES LOUIS D'OR

IL ÉTAIT une fois un homme et une
femme qui avaient deux enfants; ils
n'étaient guère riches, et la femme n'était
pas des plus fines. Un jour l'homme alla travailler aux champs, et en remuant la terre
avec sa bêche, il trouva deux boites remplies
de louis d'or. Il les emporta à la maison,
et les donna à sa femme sans lui dire ce
que c'était, car il savait qu'elle aurait été
le conter partout; puis il retourna à son
ouvrage. La femme, qui ne connaissait pas
l'or, prit une poignée de louis et les donna
aux enfants pour s'amuser. Ils les portèrent
sur la grande route, et pendant qu'ils jouaient
avec, un grand monsieur passa, qui dit aux
enfants: «Vous avez là de jolis petits bébets. — Oui, monsieur, répondirent-ils, et

5*

et notre maman en a encore deux b o i t é e s
dans son armoire.» Le monsieur se fit
montrer où était la maison, puis il y entra
et dit à la mère : «Madame, ces enfants m'ont
dit que vous aviez deux boites pleines de
petits bébets comme ceux-là ; voulez-vous
me les vendre? — Oui, répondit-elle. —
Combien? — Dix francs, dit-elle à tout hasard.» Le monsieur donna les dix francs,
et se hâta de s'éloigner, en emportant les
louis d'or. Quand l'homme revint des champs,
sa femme lui dit toute joyeuse: «Mon pauvre
homme, je viens de faire une bonne journée:
tu sais bien les petites amusettes que tu
avais apportées? hé bien! je les ai ven-
dues dix francs.» L'homme qui avait perdu
sa fortune dit: «Puisque tu es si folle, je
veux divorcer;* je vais prendre un des
enfants et tu garderas l'autre.» La pauvre
femme prit sur son dos un des enfants, et
courut à la poursuite du monsieur qui
venait de partir. Elle l'aperçut qui venait
de passer une rivière et montait' la vallée
de l'autre bord. Elle traversa la rivière et le
poursuivit jusqu'à un village où ils couchèrent dans la même chambre. Le mon-

---

* me séparer

sieur lui demanda comment elle s'appelait.
«Monsieur, répondit-elle, je me nomme Madame Je Chie, et mon petit garçon que voilà
se nomme monsieur J'ai Chié.» Le monsieur se coucha, et madame Je Chie aussi;
mais quand il fut bien endormi, elle se leva,
prit les louis d'or que le monsieur avait mis
sur la table dans un petit sac, et se remit
aussitôt en route. Quand le monsieur s'é-
veilla, il ne vit plus les louis, et comme la
dame était partie, il pensa qu'elle les avait
pris, et il se mit à sa poursuite. En arrivant
sur le bord de la rivière, il vit la femme qui
montait la vallée de l'autre côté de l'eau.
Il voulut traverser, mais la mer était haute,
et il ne put passer. Il se mit à crier après
la femme, et un homme vint lui demander
ce qu'il avait. «Ah! répondit-il, c'est cette
femme qui m'a pris mon or, et je ne peux
passer la rivière. — Si vous voulez monter
sur mon dos, je connais le gué, et je vous
passerai. — Volontiers, répondit-il.» Il monta
sur le dos du passeur, et quand il fut dans
la rivière, il criait: «Madame Je Chie! Madame Je Chie! — Ne chiez pas toujours sur
moi, disait le passeur; attendez un peu.» Le
monsieur continuait de crier après la femme;
mais comme elle ne lui répondait pas, il se

mit à crier après le petit garçon: «Monsieur J'ai Chié! Monsieur J'ai Chié!» Le passeur, croyant que le monsieur avait fait comme il le disait, le jeta dans la rivière où il se noya. La femme revint à la maison, et dit à son mari: «J'ai eu bien de la misère; mais je rapporte les louis d'or.» Alors il se réconcilia avec elle, et ils vécurent très-heureux.

Recueilli en Haute-Bretagne en 1881.

La même équivoque sur les noms; mais avec des épisodes différents, se retrouve dans les «Contes secrets traduits du russe» cf. le no. LXXII L e s n o m s é t r a n g e s p. 270.

(Variante)

LE PASSAGE DU GUILDO

L Y AVAIT une fois un marchand de Matignon qui s'en revenait de Saint Malo chargé d'argent. Sur sa route, il rencontra deux bons sujets qui suivaient le même chemin que lui. Ils marchèrent ensemble et le marchand, tout en causant, leur demanda comment ils se nommaient: «Je

m'appelle Je Chie, répondit l'un deux. —
Et vous? dit-il à l'autre. — Moi, je me nomme
J'ai Chié.» Tout en devisant, ils arrivèrent
au Guildo, où l'on franchissait le gué à dos
d'homme. Ils hélèrent le passeur et le
marchand monta sur son dos, après avoir
confié sa valise à l'un des compères. Quand
il fut sur le dos du passeur, il vit le camarade qui se sauvait à toutes jambes avec la
valise : «Je Chie, Je Chie! s'écria-t-il. — Ah!
monsieur, dit le passeur, attendez un peu.
— Je Chie! Je Chie! répétait le marchand.»
Mais comme le camarade s'enfuyait de plus
belle, le marchand dit à l'autre d'un ton
dolent : «Ah! J'ai Chié! — Alors, dit le passeur, débarbouillez-vous dans la rivière.»

*Ce conte était jadis très-populaire aux environs de
Dinan.*

XX

LA FILLE ATTRAPÉE

L Y AVAIT une fois une fille qui était riche: elle avait tant de bons amis qu'elle ne savait lequel prendre. Son père lui dit: «Écoute, ma fille, celui qui te mettra à bout de conter, en trois paroles, celui-là tu le prendras.» On fit publier cela dans le pays, et de tous côtés, il vint des amoureux au jour fixé: il y en avait de pauvres, de riches, et même quelques-uns étaient plus riches qu'elle. Ils étaient assemblés dans une grande cour, et pendant qu'ils étaient tous ensemble, il y en eut un qui fut pris d'un besoin pressant, et qui ne savait comment le satisfaire. Il avait un bonnet sur la tête, et les autres lui dirent: «Mets-toi dans un coin et fais dans ton bonnet, puis tu le porteras sous ton bras, et personne ne s'apercevra de rien.» Il suivit le conseil des autres; tous les amoureux pendant ce temps passaient devant la fille, et aucun ne put la mettre à bout de conter en trois paroles. Il ne restait plus que le gars au bonnet, et elle se disait: «Il n'y a plus que cet innocent-là;

je vais me débarrasser facilement de lui.»
Quand il fut devant elle, il lui dit : «Bonjour, ma vilaine belle demoiselle. — Bonjour, mon vilain beau monsieur. — Vous êtes bien rouge? — Cela ne m'étonne pas, j'ai le feu au cu. — Voulons me k a i r e (cuire) deux œufs? — De la merde, mon foutu sot! — Tenez en v'la, tout fin plein mon bonnet.»
La fille resta à bout de conter, et elle épousa l'innocent.

Receuilli en Ille-et-Vilaine.

XXI

JEAN CUPI

EAN CUPI s'en alla chez un fermier qui avait une vache malade. «Elle va en crever, dit-il; si vous voulez, je vais servir de boucher. — Oui, répondit le fermier, abattez-la et la pelez. — Volontiers; mais je me réserve la peau.» Il la mit sur son dos et grimpa dans un chêne au dessous duquel on avait servi un banquet. Les invités se mettent à table, et comme le fricot était sec, un des

dîneurs s'écria: «Si le bon Dieu voulait nous
envoyer de la sauce!» A peine avait-il
achevé ces mots, que Jean Cupi se mit à
pisser sur le plat. — Que le bon Dieu est
bon enfant, disaient les invités; si maintenant
il voulait nous envoyer de la moutarde.»
Jean Cupi ôta sa culotte et se mit à chier
sur la table, puis il lâcha sa peau de vache
et tout le monde s'enfuit, croyant voir le
diable. Alors il descendit, et se mit à manger le repas.

Recueilli en 1879.

XXII

LE BEURRE À BON MARCHÉ

IL Y AVAIT une fois un apothicaire qui
avait un commis appelé Janvier, qui
était rusé et subtil. Comme le beurre était
cher, et que l'apothicaire s'en plaignait, Janvier dit à son maître: «Laissez-moi faire, et
je vous aurai du beurre qui ne vous coû-
tera guère.» Janvier alla au marché, et avec
une grosse épingle, goûta à plusieurs mottes

de beurre; il finit par acheter celui que portait une vieille femme à laquelle il dit d'aller à la maison pour porter son beurre et se faire payer. Il en acheta ensuite à une jeune fille, la plus jolie qui fût au marché, et lui dit pareillement de se rendre chez son maître. Il enferma la bonne femme dans un cellier, et la jeune fille dans une chambre. Il y avait des clients chez l'apothicaire, et ils entendaient la bonne femme crier: «Donnez-moi ce que vous me devez! — Tout à l'heure, ma brave femme, tout à l'heure vous serez servie, disait l'apothicaire. — Qu'a-t-elle donc à crier? disaient les clients. — C'est une folle qu'on nous a donnée à soigner. — Donnez-moi ce que vous me devez, répétait la bonne femme. — Tout à l'heure, l'eau est à chauffer sur le feu.» Quand l'eau fut chaude, l'apothicaire arriva avec une belle seringue, et administra de force à la femme cinq ou six clystères de suite; puis il lui ouvrit la porte, et elle s'en alla sans demander son reste. En quittant la maison, elle vit à la fenêtre la jeune fille qui criait de son côté, et demandait à sortir. «Saute par la fenêtre, ma fille, s'ils te font comme à moi les crottes que tu feras demain ne seront pas dures.» L'apothicaire monta à la

chambre où était la fille qui lui dit: «Pourquoi m'avez-vous enfermée comme cela? — Je
n'ai pas pu faire autrement; car la maison
était pleine de monde.» Et il lui voulut
aussi administrer un clystère; mais la fille
demanda pour toute grâce la permission de
s'en aller, ce qu'elle fit sans réclamer le prix
de son beurre.

Recueilli en Haute-Bretagne en 1879.

XXIII

LES POMMES CUITES

UNE BONNE femme qui demeurait seule
dans une maison isolée mit un soir
trois pommes à cuire sur le feu; il y avait
justement trois voleurs qui étaient par là et
guettaient la bonne femme pour la voler;
et l'un deux était tout près de la porte. Au
bout de quelque temps l'une des pommes
éclata, et la bonne femme dit: «Déjà un!»
Le voleur qui l'entendit vint trouver ses
camarades: «M'est avis que la vieille est
avertie que nous sommes ici, elle vient de

dire: «Déjà un.» — Je vais aller à ta place,
dit le second voleur.» La seconde pomme
creva: «Déjà deux, dit la bonne femme.»
Le voleur revint aux autres: «Elle vient de
dire «Déjà deux», pour sûr, elle est sorcière,
elle devine tout. — Je vais voir, dit le troisième, si elle saura me deviner, moi.» Il se
mit à chier à la porte, et même instant, la
dernière pomme éclatait: «En voilà trois,
dit la bonne femme: tu n'as qu'à chier, je
mangerai tout, merde et tout.» Le voleur
revint trouver ses compagnons, et leur dit:
«C'est vrai qu'elle est sorcière, elle a deviné
ce que je faisais: allons-nous en.»

Recueilli en Haute-Bretagne en 1880.

XXIII

LE COCU EN ENFER

IL Y AVAIT une fois un bonhomme et
une bonne femme qui se disputaient.
La bonne femme à bout de raisons, s'écria:
«Où es-tu donc, le Diable, que tu ne viens
point enlever ce cocu-là?» Le diable arriva

aussitôt, mit le bonhomme dans un sac et le chargea sur son dos. Comme il passait près d'un doué (lavoir) où des lavandières se disputaient, il pensa en lui-même: «Les voilà bien attaînées (excitées), si je pouvais les faire se battre.» Pour être plus à l'aise, il déposa le sac dans un creux de fossé, et alla au doué. Pendant que le diable était éloigné, le bonhomme dit à quelqu'un qui passait par là: «Ah! par pitié, tirez-moi du sac où le diable m'a mis pour m'emporter!» Le passant ouvrit le sac, et pour que le sac n'eût pas l'air vide, il enferma dedans un gros chien. Le diable n'ayant pas réussi à faire les lavandières se battre, reprit son sac, et ne tarda pas à arriver en enfer. Les autres démons se pressèrent autour de lui, en lui demandant s'il avait fait une bonne journée: «Ma foi, répondit-il; je suis passé auprès d'un mari et d'une femme qui se disputaient. La bonne femme m'a dit de prendre un cocu, et je l'ai dans mon sac.» Les diables étaient très-curieux de le voir, et il se pressèrent autour du sac pour re-regarder ce qui en sortirait. Quand il fut ouvert, le chien s'élança hors du sac, et se mit à mordre les diables qui fuyaient de tous côtés en criant: «Ne rapportez plus

jamais de cocus en enfer!» Et je pense qu'il
n'en est point retourné depuis.

Recueilli en Haute-Bretagne en 1880.

XXV

L'EVÊQUE ET LE RECTEUR

Au temps jadis, le Recteur de Saint
Remy qui n'était pas des plus riches,
allait après sa messe couper de la bruyère
pour la litière de sa vache. Un jour qu'il
y était, le grand' vicaire du diocèse qui faisait sa tournée, entra au presbytère: «Bonjour, dit-il à la servante: où est le Recteur?
— A couper de la bruyère pour notre vache,
sauf votre respect.» Le grand' vicaire visita
les appartements, et ne voyant qu'un lit,
il dit: «Où couche le Recteur? — Je vais
me coucher la première: un peu après, il
vient se coucher près de moi, et je le ré-
veille au matin.» Deux ou trois jours après,
arrive au Recteur un ordre d'aller à l'évêché:
«N'est-il point passé quekqu'un par ici? demanda-t-il à sa servante. — Si, il est venu

un gros monsieur prêtre qu'avait bien bonne mine; il m'a demandé pourquoi il n'y avait ici qu'un lit, et je lui ai raconté que je me couchais la première et qu'ensuite vous veniez à côté de moi.» Le Recteur se mit en route pour l'évêché, bien penaud: au moment où il allait entrer chez l'évêque, il rencontra un autre grand' vicaire qui avait été au séminaire avec lui, et qui lui dit: «Ton affaire n'est pas bonne: l'autre grand' vicaire a été l'autre jour en tournée dans ta paroisse, et il n'a vu qu'un lit chez toi. — Comment faire pour me tirer de là? — Ma foi, répondit-il, l'évêque est encore couché, et sa grande cuisinière est auprès de lui dans son lit, tâche de trouver moyen de la faire parler. — Comment? — Dis lui que ta servante fait bien des compliments à sa dame.» Le Recteur arrive dans la chambre de l'évêque qui lui dit: «Mon pauvre Recteur, on m'a dit que vous aviez une femme qui couchait avec vous. — Oui, monseigneur, répondit-il, elle fait bien des compliments à la vôtre. — D'où me connaît-elle, cette putain-là? cria une voix qui venait du fond du lit.» L'évêque renvoya le Recteur, et ne lui parla plus de sa servante.

Recueilli en Haute-Bretagne en 1880.

XXVI

LA REDEVANCE

IL ÉTAIT une fois un fermier qui alla pour louer une métairie. Le bourgeois (maître de la terre) la lui afferma moyennant cent écus et la moitié d'un pet, le tout payable à la Saint Michel de chaque année. Au bout d'un an, le fermier vint chez son bourgeois qui l'invita à dîner à sa table. Le fermier mangea de son mieux, puis il passa au salon pour régler ses affaires avec son bourgeois. Il lui compta les cent écus, puis il demanda une quittance. Le maître fit sonner l'argent, puis il dit: «L'argent est de poids; mais vous me devez encore quelque chose. — Quoi, notre maître? est-ce que je ne viens pas de vous bailler cent écus? — Si, mais vous me devez la moitié d'un pet.» Le fermier qui avait bien dîné ne se fit pas prier, et desserrant les fesses, il fit entendre un tel pet que les vitres en tremblèrent. «Oh! oh! dit le bourgeois; il est trop gros celui-là.» Le fermier s'y prit cette fois avec plus de douceur, et il fit un pet de bonne sœur, si faible qu'on l'entendit

à peine. «Celui-ci est trop petit, dit le bourgeois, ce n'est pas même un quart de pet.»
Le fermier essaya encore plusieurs fois, mais
ses pets étaient, ou comme des coups de
tonnerre ou comme des soupirs. Son maître
lui dit: «Mon pauvre homme, vous n'y arri-
verez pas aujourd'hui; je vous fais crédit jusqu'à demain.» Le fermier revint chez lui, et il
dit à sa femme: «Je viens de payer notre
maître; mais je lui redois encore quelque
chose. — Est-ce que tu ne lui avais pas
porté cent écus? — Si, et je les lui ai payés;
mais je lui dois de plus la moitié d'un pet.
J'ai bien essayé de m'acquitter de cette re-
devance; mais tous ceux que je faisais étaient
ou trop gros ou trop petits, et il m'a fait
crédit jusqu'à demain. — J'irai avec toi, dit
la femme, et je parie bien que je finirai de
le payer.» Le lendemain elle accompagna
son mari chez son maître; il les invita tous
deux à dîner, et la fermière mangea de son
mieux. A la fin du repas, elle lui dit:
«Comment, notre maître, est-ce que nous
vous sommes encore redevables? — Oui,
vous me devez la moitié d'un pet. — Hé
bien, dit-elle en retroussant son cotillon,
fourrez votre couteau dans mon cu.» Le
bourgeois fit ce que lui recommandait la fer-

mière qui ajouta : «Maintenant, écoutez bien.»
Elle lâcha un pet, puis elle dit à son maître :
«Vous avez été à même de choisir : je vous
ai servi un pet que votre couteau a coupé
en deux, et vous avez pu prendre la moitié
qui vous convenait le mieux.» Le bourgeois vit que sa fermière était une fine
mouche ; il lui donna quittance, et depuis il
ne demanda plus que le paiement des cent
écus.

Recueilli en Haute-Bretagne en 1881.

XXVII

LE PET PRIS A LA COURSE

IL ÉTAIT une fois dans une ville un
monsieur qui voulait se moquer d'un
petit garçon. «Cours-tu bien, petit gars ? lui
demanda-t-il. — Oui, monsieur. — Hé bien,
si tu m'apportes ce qui va sortir de mes
culottes, je te donnerai cinq francs.» Le
monsieur fit un gros pet et dit au petit gars.
— Cours après celui là.» Le petit garçon
se mit à courir de toutes ses forces et dix

6*

minutes après, il revint trouver le monsieur, et lui dit: «Tendez-votre chapeau, je vais vous le rendre, j'ai eu bien du mal à l'attraper.» En même temps, il péta, et le monsieur croyant que le pet du petit garçon était le sien qu'il lui apportait, lui donna les cent sous.

Recueilli en Haute-Bretagne en 1880.

XXVIII

LE PÉCHÉ D'ADULTÈRE

IL ÉTAIT une fois une fille qui alla à confesse, et, comme elle attendait son tour auprès du confessionnal, elle entendit sa voisine qui s'accusait d'avoir commis le péché d'adultère. Son confesseur lui en fit des reproches; la jeune fille se confessa, puis elle se mit en route avec sa voisine pour retourner à son village. Chemin faisant, elle lui demanda ce que c'était que le péché d'adultère: «C'est, lui répondit la voisine, de pisser entre la grand' messe et les vêpres. — Ah! mon Dieu, dit le jeune fille; moi

qui l'ai commis tant de fois sans le savoir!»
Quand la jeune fille retourna à confesse, elle
s'accusa d'avoir commis le péché d'adultère.
«Vous avez eu tort, dit le confesseur; mais
il faut me promettre de ne pas le commettre
de nouveau.» Elle le fit, bien résolue à tenir
sa promesse; mais un dimanche, au sortir
de la grand' messe, elle se sentit tellement
pressée, qu'elle fut obligée de pisser. Quand
elle retourna à confesse, elle s'accusa encore
d'avoir commis le péché d'adultère. «Vous
le commettez souvent, ce péché-là? mais,
dites-moi, qu'appelez-vous péché d'adultère?
— C'est pisser entre la grand' messe et les
vêpres. — Hé bien, quand vous ne le com-
mettrez que de cette manière-là, il n'y aura
pas grand' mal. Commettez-le tant que vous
voudrez et que ce soit votre plus grand
péché.» La jeune fille s'en retourna bien
contente, et dit à sa voisine: «Vous m'avez
trompée: ce n'est pas un péché de pisser
entre la grand' messe et les vêpres.»

Haute-Bretagne 1881.

XXIX

LA BONNE FEMME ET SON DRÔLE

IL Y AVAIT une fois une bonne femme qui allait à confesse. Comme elle passait par la route, elle vit un chasseur qui ajustait un lièvre; le lièvre fut atteint, et, ayant fait deux ou trois bonds, il tomba mort sur la route à côté de la bonne femme. Celle-ci ramassa le lièvre, et le mit sous son cotillon, entre sa jupe et sa chemise. Au moment où elle finissait de l'attacher, le chasseur arriva tout essoufflé et lui dit: «Vous n'avez pas vu un lièvre? — Non, répondit-elle; mais j'ai sous mon cotillon un drôle qui a le poil tout gris. — Je n'en veux pas de ton drôle, vieille salope, va-t-en au diable avec lui.» La bonne femme continua sa route, et arriva à l'église. Quand elle fut dans le confessionnal, elle dit à son confesseur: «Monsieur le Recteur, j'ai sous mon cotillon un drôle qui a le poil tout gris. — Retirez-vous, insolente, répondit le recteur.» La bonne femme en sortant de l'église rencontra le vicaire, et lui dit: «Monsieur le vicaire, j'ai sous mon cotillon un drôle qui a le poil tout gris. — Faites-le voir, répondit-il.» Elle lui montra la tête du lièvre, et le vicaire lui dit : «Chit! Chit! allez m'attendre dans la sacristie.» La bonne femme y alla, et donna le lièvre au vicaire qui le lui paya comme il faut. Quand les deux prêtres furent à table, le recteur dit : «Il m'est venu ce matin à confesse une bonne femme qui m'a dit qu'elle avait sous son cotillon un drôle qui avait le poil tout gris. Je l'ai mise à la porte, comme bien vous pensez. — Et moi, monsieur le recteur, j'ai tâté le poil gris de son drôle. — Ah! monsieur le vicaire, ceci est un cas de conscience. — Ce n'est pas ce que vous croyez, et je vous en ferai manger. — Par exemple! s'écria le recteur» Mais le vicaire sortit, et montra le lièvre au recteur qui se gratta l'oreille et dit : «Ah! si j'avais su!» Quand la bonne femme fut de retour à son village, elle raconta à ses commères ce qu'elle avait fait, et l'une d'elles alla trouver le recteur comme il sortait de la sacristie, et elle lui dit : «Monsieur le Recteur, je vous ai envoyé un lièvre ce matin. — C'est bon, répondit-il, voici pour vous.» Et il lui donna une pièce de quarante sous. Quand le recteur fut de retour au presbytère, il demanda à sa ser-

vante où était le lièvre de la bonne femme;
mais la servante jura ses grands dieux que
personne n'avait apporté de lièvre. Le dimanche d'après, il vit la bonne femme qui
l'avait dupé, et lui dit: «Ah! bonne femme,
vous m'avez trompé; je n'ai pas vu votre
lièvre. — Ma foi, monsieur le recteur, ce
n'est pas de ma faute, j'avais rencontré ce
lièvre sur la lande, et je lui avais dit d'aller
chez vous; s'il ne l'a pas fait, je n'y suis
pour rien.»

Recueilli en Haute-Bretagne en 1881.

XXX

PROPOS ÉQUIVOQUES

IL Y AVAIT une fois une fille qui alla à
confesse, et elle dit à son prêtre:
«Mon père. je m'accuse de trois péchés: j'ai
tué ma mère, empoisonné mon père et livré
mon corps aux garçons. — Ah! ma fille,
depuis vingt ans que je confesse, jamais je
je n'avais entendu d'aussi grands péchés.
Comment, à votre âge avez-vous pu les

commettre ? — Ma mère est morte en cou-
ches, et c'est ainsi que je l'ai tuée ; j'ai pété
au nez de mon père, et je l'ai empoisonné ; et
un jour que j'étais à jouer avec des garçons
et qu'ils me tenaient par le corps (corsage)
je le leur ai laissé aller pour qu'ils ne continuent pas à druger avec moi.»

* * *

Il y avait une fois une fille qui alla à
confesse et elle dit à son prêtre : «Mon père,
je m'accuse d'avoir berquigné avec les
garçons. — Berquigné! qu'est-ce que c'est?
— Je me suis laissé enfiler par eux. — Ah!
ma fille, c'est un grand péché. — Pas si
grand que vous croyez ; venez dans la
sacristie, et je vous montrerai comment cela
se fait.» Le prêtre y alla ; la fille se mit
courbée à terre comme on fait quand on
joue à saute-mouton ; puis elle dit au prêtre :
«Retroussez votre soutane. — Ah! ma fille…
— Retroussez votre soutane et sautez par
dessus moi : c'est ce qu'on appelle enfiler.»

Haute-Bretagne.

XXXI

LE REPAS DU SEIGNEUR

L Y AVAIT une fois un seigneur qui ne
se plaisait qu'à jouer des tours aux
pauvres gens.   Un jour qu'il se promenait
par les champs, il vit un soldat qui avait
posé culottes au pied d'un talus pour chier
plus à l'aise, comme nous disons nous autres;
il prit le sabre du soldat, et, lui mettant la
pointe sur la poitrine, il lui dit: «Si tu ne
manges pas ton étron, je vais te tuer.» Le
soldat, voyant qu'il n'y avait pas moyen de
faire autrement, se mit à manger son étron,
mais bien qu'il fût tout chaud, il n'allait pas
des plus vite en besogne comme bien vous
pensez. Pendant qu'il s'exécutait, et que
le seigneur le regardait, on entendit tout
d'un coup un grand bruit; le seigneur grimpa
sur le fossé pour voir ce que c'était, le soldat interrompit son repas, reprit son sabre,
et en mettant le pointe sur la poitrine du
seigneur, il lui dit: «Si vous ne mangez pas
le reste du repas que vous m'avez offert, je
vais vous tuer.» Le seigneur, voyant qu'il
fallait manger la merde ou mourir, s'exécuta

bien qu'à regret, puis il dit au soldat: «Tu es un brave; si tu veux rester avec moi, je te rendrai heureux.» Le soldat accepta, et depuis ils vécurent tous les deux en bons camarades, comme deux frères de merde qu'ils étaient.

Haute-Bretagne 1883.

XXXII

LE RECTEUR EN MAL D'ENFANT

IL Y AVAIT une fois dans une petite paroisse de Bretagne un recteur qui vivait seul avec sa servante dans un presbytère qui n'était ni grand ni cossu. Comme il n'avait pas le moyen d'avoir une horloge et qu'en ce temps-là les almanachs coûtaient cher, il comptait les jours à sa manière. Il avait une poule qui tous les jours lui pondait un œuf, et quand il y en avait six dans le nid, le Recteur savait que le lendemain il devait dire sa messe du dimanche. Il fut longtemps sans se tromper; mais un jour le diable tenta sa servante, et elle s u p a un des œufs.

Le samedi le Recteur alla au nid de sa poule
pour savoir à quel jour il était, et comme
il n'y trouva que cinq œufs, il se dit: «Bon!
c'est aujourd'hui vendredi; dimanche n'arri-
vera qu'après-demain, et j'ai le temps de
raccommoder mes pauvres souliers, qui en
ont grand' besoin.» Le lendemain de bonne
heure, le Recteur, qui avant d'être prêtre
avait appris l'état de cordonnier, prit sur ses
genoux son soulier le plus malade, et se
mit à tirer le ligneul, bien tranquillement,
pensant avoir toute sa journée devant lui.
Cependant ses paroissiens étaient arrivés à
l'église à l'heure de la grand' messe; mais
la cloche ne sonnait point, et il n'y avait
point de prêtre à l'autel. Après avoir attendu un bon bout de temps, ils s'impatien-
tèrent, et l'un des fabriciens fut envoyé au
presbytère pour savoir si par hasard Monsieur le Recteur ne serait pas malade. Il le
vit qui tirait tranquillement le ligneul en
sifflant un air d'église. «Bonjour, monsieur
le Recteur, lui dit-il; est-ce que vous ne
voulez pas dire la grand' messe? — Mais si,
répondit-il, je la chanterai demain comme
d'habitude. — Demain! mais c'est aujourd'-
hui dimanche, à preuve que tous vos paroissiens sont dans l'église à vous attendre.

— En vérité! Je croyais être au samedi. C'est ma coquine de poule qui m'a trompé; je vais la faire tuer.» Il remit vivement le soulier qu'il était en train de raccommoder, sans prendre garde à un long bout de ligneul qui trainait après, et il se rendit en toute hâte à la sacristie où il se revêtit des ornements sacerdotaux. La messe commença; mais en faisant autour de l'église la promenade de l'A s p e r g e s m e, le bout de ligneul qui trainait par terre se prit dans les sabots d'une bonne femme, et le pauvre recteur tomba à faix-mort sur le pavé de l'église, entraînant la bonne femme dans sa chute. Comme il avait le ventre gros, il se fit grand' mal et fut obligé de se mettre au lit. Il envoya chercher les médecins, mais ils avaient beau lui donner des remèdes, son ventre le faisait toujours souffrir, et il ne trouvait aucun soulagement. Il entendit parler d'un médecin qui rien qu'à voir l'urine des gens, connaissait tout de suite leurs maladies. Il remplit de son eau une bouteille et la donna à sa servante qui se nommait Chonne, ou si vous aimez mieux Françoise. «Écoute, Chonne, tu vas aller porter cette bouteille au médecin des eaux: il demeure loin d'ici, et tu ne pourrais t'y

rendre en une journée: mais je connais sur
la route une maison de bien braves gens;
tu iras les voir de ma part, et tu leur de-
manderas à coucher.» La servante se mit
en route, et au soir elle arriva à la maison que M. le Recteur lui avait indiquée. Les
gens la reçurent de leur mieux, et elle leur
dit pourquoi elle s'était mise en voyage. La
dame du logis était mariée depuis cinq ans;
mais elle n'avait point d'enfant, et pourtant
son plus grand bonheur aurait été d'en
avoir un. Comme depuis quelque temps,
elle se sentait mal à l'aise, elle pensa que
le médecin pourrait lui dire si oui ou non
elle était grosse. Elle se leva doucement
pendant la nuit, et ayant vidé la bouteille
qui contenait «les eaux» du Recteur, elle la
remplit avec son urine, et la mit à la place
où elle l'avait prise. Le lendemain quand
la servante se remit en route, elle lui dit:
«Ne manquez pas surtout de repasser par
ici afin que nous sachions quelle maladie a
Monsieur le Recteur.» Cependant Chonne
arriva au médecin des eaux; il examina la
bouteille et dit: «Le cas n'est pas bien grave:
votre malade accouchera d'un garçon et
l'enflure lui passera aussitôt.» En entendant
ces mots, la servante faillit tomber de son

haut; elle s'en revint toute triste, et en passant elle entra chez la jeune femme. «Hé bien, lui demanda celle-ci, quelle est la maladie de Monsieur le Recteur? — Ah! répondit-elle, je n'ose pas vous le dire; non, jamais je n'aurais cru chose pareille. Le médecin a regardé les eaux, et il a dit que M. le Recteur accoucherait d'un garçon.» La dame fut bien contente; toutefois elle consola de son mieux la servante. Celle-ci se remit en route, et elle finit par arriver au presbytère, plus triste que si elle venait d'enterrer sa mère. «Hé bien! Chonne, lui demanda le Recteur, qu'est-ce que le médecin t'a dit? — Ah! monsieur, répondit-elle, jamais je n'oserai vous le répéter. — Que je meure ou que je vive, dit le prêtre, je veux le savoir et je te commande de parler. — Mon pauvre Monsieur le Recteur, le médecin a regardé la bouteille que je lui portais, et a dit que vous alliez avoir un enfant. Ciel adorable! est-ce possible? — Ah! s'écria le Recteur; c'est la faute de la malheureuse femme sur laquelle je suis tombé à l'Asperges, quand je me suis pris le pied dans mon ligneul! Jamais je n'aspergerai plus.» Depuis ce temps, loin de se guérir, le Recteur ne faisait qu'empirer, et il lui semblait que son ventre grossissait à vue d'œil. Il fut obligé de demander à son évêque un autre prêtre pour l'aider à remplir ses fonctions. Souvent ils allaient se promener dans les champs, et le jeune prêtre réconfortait de son mieux le malade. Un jour qu'ils étaient tous deux dans un verger, le Recteur se sentit pris d'une grande douleur au ventre, et en même temps son besoin était si pressant. qu'il n'eut que le temps de relever sa soutane et de s'accroupir le long d'une haie. L'opération fut longue et difficile ; mais tout à coup le Recteur se soulagea copieusement et juste à ce moment il sentit un objet velu qui lui passait entre les jambes et qui s'enfuyait si vite, qu'il n'eut pas le temps de voir ce que c'était. Or c'était un lièvre qui, couché dans la haie, s'était réveillé au bruit que faisait le Recteur, et s'enfuyait à toutes jambes. «Ah! s'écria le Recteur, mon enfant, reviens que je te baptise! Quel malheur, monsieur le vicaire, mon enfant qui est parti sans baptême!» Le vicaire et lui faisaient de tels cris que les gens du bourg se rassemblèrent pour savoir ce qu'il y avait: «Ah! répondit-il; c'est un malheur sans pareil! l'enfant de mes entrailles s'est enfui sans avoir été baptisé.»

Il prit un si grand fond de chagrin qu'il mourut peu de temps après, et le vicaire resta triste jusqu'à la fin de ses jours.

Recueilli en Haute-Bretagne en 1881.

(Variante)

Un bonhomme dont la vache était malade se mit un jour en route pour aller consulter le devin. Sur son chemin il rencontra le curé qui lui dit: «Où vas-tu? — Chez le devin, pour savoir de quoi notre vache, sauf votre respect, est malade. — Ma foi, dit le curé; depuis quelque temps je ne me sens pas bien, tu devrais lui demander aussi quelle est ma maladie. Attends, je vais te donner de mes eaux.» Le curé remplit une bouteille de son urine et la remit au bonhomme qui continua sa route et arriva à l'auberge, où, tout en mangeant, il raconta son voyage à la servante. La fille prit la bouteille qui contenait «les eaux» du curé, et la remplit elle-même sans que le bonhomme s'en aperçût. Arrivé chez le devin, le paysan raconta d'abord la maladie

Κρυπτάδια II.   7

de sa vache, puis il présenta la bouteille
qui renfermait, à ce qu'il croyait, l'urine du
curé. «Quelle est la maladie de cette personne? — Elle est enceinte, s'écria le devin
après avoir regardé.» Le bonhomme fut
bien un peu étonné; toutefois comme il
avait confiance dans le devin, il raconta mot
pour mot au curé ce que «le médecin des
eaux» lui avait dit. Le curé était un de ces
vieux prêtres d'autrefois, bonnes pâtes assez
crédules; il avait confiance dans le devin,
sans pouvoir toutefois s'imaginer comment
il se trouvait dans la position qu'il avait
dite. Cependant l'arrêt du devin lui trottait
par la tête, et il se disait: «C'est tout de
même vrai que depuis quelque temps je
grossis, je grossis, et j'éprouve dans les entrailles de violentes douleurs.» Un jour
qu'il se promenait dans son verger en lisant
son bréviaire, il se sentit pris de coliques
si intenses qu'il fut obligé de s'arrêter dans
un coin. Ses efforts furent longs et labo-
rieux, la sueur lui découlait du front, et il
se sentait prêt à rendre l'âme. A la fin, son
supplice se termina et juste à cet instant il
sentit quelque chose qui lui passait entre les
jambes; c'était un lièvre qui venait de la
plaine et qui se sauva vitement. Et le curé

se releva et regarda; mais au lieu d'apercevoir quelque chose auprès de lui; il vit
un objet lointain qui fuyait, et qui déjà
n'avait plus qu'une forme vague. Il crut,
ainsi que le devin le lui avait dit, avoir ac-
couché, et il s'écria: «Enfant, reviens à ton
père; attends au moins que je te baptise.»

DEVINETTES

I

a) Un grand monsieu qu'entère (entre) dans
sa chambre,
Avec sa grand' qualibranle,
Qui demande du tondu
Pour son pelu,
Et la journée d'un cu
Pour lu (lui).

b) Un monsieur qui monte dans sa
chambre; son tirli qui lui pend; il demande
du blanc d'entre les jambes et la journée
d'un cu pour lui.

7*

— C'est un gendarme; son tirli qui li
pend, c'est son sabre, il demande du lait de
vache qui est blanc, et la journée d'un cu;
c'est-à-dire un œuf.

———

c) Bonjour, madame, avec vos grands
virlidondaine. — Permettez-moi de mettre
mon Tonton Penard dans vot' touz' d'f'nard;
Un peu d'eau pour le rafraîchi', et une
journée d'cu pour mon souper.

— C'est un homme qui demande la permission de mettre son cheval dans un pré,
et un œuf pour son souper.

———

d) Bonjour madame!
Voul'ous me permettre de mettre un grand
tourlipendard dans vot' touzé pénard?
— Oui, mon brave homme, il est touzé
péné, il n'y a pas longtemps.

— C'est un homme qui demande à une
femme la permission de mettre un cheval
dans son pré, touzé, c.-à-d, fauché depuis peu.

———

e) Un monsieur entre dans une maison, la quoue li branle, demande du d'entre les caisses (cuisses), et une journée de cu.

— C'est un homme qui entre dans une maison et demande du lait et un œuf.

II

Un homme s'en va dans une maison, i' va au let (lit), lève ça, fait ça, i' rabat ça et s'en va au sa'? (soir).

— Un médecin qui vient saigner une femme.

III

La femme se trousse,
Et l'homme qui pousse,
Et elle s'en vient : Ah! monsieur que
vous me faites mal!
— Ne dites rien, madame, c'est dedans.

— C'est une femme à qui un cordonnier apporte un soulier neuf.

IV

a) Allons nous coucher pour la besogne
que nous savons bien, peillu (poilu) sur peillu,
et cacher notre petit cu tout nu.

— Aller dormir.

b) Allez vous coucher vous serez bien,
    Vous mettrez barbu contre barbu
    Vous jouerez un petit jeu que vous savez
                                    bien ;
    Et vous enfermerez le petit saint tout nu.

— En allant vous coucher vous serez
bien, vous jouerez le petit jeu de dormir;
vous mettrez barbu contre barbu; c'est-à-
dire les deux paupières à se toucher; le
petit saint tout nu qu'on renferme, c'est le
christ (globe) de l'œil.

c) Poilu contre poilu
Qui couvre un p'tit bonhomme tout nu. (D).

— Les yeux.

V

Pertus cru (trou mouillé), morcé (morceau) cru,
Ventre à ventre et mène à cu.

— C'est un fût de cidre.

VI

J'accroupis mon bonhomme,
Et j'assis ma bonne femme,
Tout ce qui passe entre les jambes de
mon bonhomme
Fait du bien à ma bonne femme.

— Le trépied et la marmite.

VII

Une main au cu
La pouche (poche) pleine
Et morceau cru

— Une femme allaitant son enfant.

VIII

La commère, est sur le compère: ce qui sort d'entre les jambes du compère fait du bien au cu de la commère: ce qui est dans le ventre de la commère fait du bien au genre humain.

— La commère, c'est la marmite; le feu qui est entre les jambes du trépied, compère de la marmite, la fait bouillir et ce qui cuit dedans fait du bien au genre humain.

IX

Qui est-ce qui a du poil avant l's os?

— La merde.

X

Quand est-ce que la brebis est plus laineuse?

— Quand le bélier est dessus.

XI

Si ma tante en avait (des couilles), comment l'appelerais-tu ?

— Mon oncle.

XII

Si tous tes amoureux étaient dans le haut d'un chêne et qu'il y eût des clochettes à toutes les branches, comment ferais-tu pour aller les chercher sans que rien t'entende ?

— Si les clochettes étaient de merde, elles ne sonneraient pas et personne ne m'entendrait.

XIII

Qu'est-ce qu'il y a de plus rare au monde ?

— De la merde de pape.

FORMULE INITIALE DE CONTE DE MATELOT

Quand les Terre-neuvats sont dans l'entrepont, ils racontent souvent des contes, dont quelques-uns sont fort longs.

Voici le préambule qu'emploient les Conteurs pour obtenir l'attention et le silence avant de commencer leur récit.

Le Conteur. Cric!

Les Auditeurs. Crac!

C. — Sabot.

A. — Cuiller à pot!

C. — Soulier de Dieppe.

A. — Marche avec.

C, — Marche aujourd'hui, marche demain, à force de marcher on fait beaucoup de chemin. Pourvu qu'on ne tombe pas le nez dans la poussière, on n'a pas besoin de se débarbouiller. Quand on tombe sur le dos, on ne se casse pas le nez.

Je traverse une forêt où il n'y avait pas de bois, je passe par un étang où il n'y avait d'eau, je passe par un village où il n'y avait pas de maison. Je tape à la porte, et madame me répond. Je lui demande ce qu'il y a à manger. — Du bouilli. — Comment, il n'y a jamais de rôti:

Trousse ta cotte,
Que je te bistoque
Avec ma carotte,
Si je te manque, je te casse la cuisse.

— Il a passé trois petits gringadiers, *
qui m'ont embrassée, et qui ne m'ont point
payée.

— Par où sont-ils allés?

— Par la rue saint Honoré.

Où's qu'il y plus d'putains que d'pavés.

Rencontre mes trois gringadiers qui se
foutaient des petits pâtés chauds par la
gueule :

— C'est donc vous, mes trois gringadiers,
qui ez (avez) embrassé ma petite Fanchette
et n' l'avez point payée?

— Oui, c'est nous, et nous nous en fou-
tons.»

J'attrape mes trois gringadiers dans une
poignée, je les colle sur la porte de paysans
comme du papier mâché, j'arrive à dix-sept
cents lieues où il fallait un homme et un
caporal pour faire se lever le soleil à coups
de trique et la lune à coups de perche.

---

* coureurs.

Le silence étant obtenu, le Conteur commence :

— Il était une fois, par une bonne fois etc.

Lorsque le héros se trouve en présence d'un roi, le narrateur lui fait s'adresser ainsi au roi :

> Bonjour, sire,
> Que le trou du cu vous déchire,
> Tant que votre majesté pétera,
> Le trou du cu vous déchirera.

FORMULETTE OU FRAGMENT DE CHANSON

> Les couilles de mon grand' père
> Sont pendues au plancher.
> Ma grand' mère
> Est marrie de les voir à sécher.

Haute-Bretagne.

DICTONS ET PROVERBES

— Laisse-moi pousser, l'homme pousse toujours.

Ce sont les filles qui dans les greniers ou dans les champs adressent aux garçons ces paroles à double sens.

— Tout ce qui est fendu
N'est pas défendu.

— N'y a point de fourché sans fente.

Le fourché est l'endroit où se réunissent les cuisses.

— Amer comme la merde du diable.

— Il a les cuisses près du cu. = Il est mal à l'aise.

— Les vênes (vesses) ne li restent point sous le cotillon = c'est une personne active.

— Un arbre qui ne fleurit plus ne peut plus rapporter = une femme qui n'a plus ses règles ne peut pas avoir d'enfants.

— N'y a pas besoin de tant tortiller du cu pour chier dret. = Il n'est pas besoin de faire tant de cérémonies.

COUTUMES

Dans les greniers à foin ou à blé, une facétie habituelle aux garçons est de se déculotter et de montrer aux filles leur pinne. Celles-ci poussent de hauts cris, traitent les garçons de cochons et leur disent: «Cutez (cachez) cela, crassous (malpropre).»

Lorsque filles et garçons sont ensemble à fauder, c'est-à-dire à fouler le foin, ils se bousculent, se chatouillent et luttent; les garçons prennent les seins des filles et même leur mettent la main sur le ventre; tant qu'ils opèrent par dessus les vêtements, les filles crient bien un peu; mais elles ne se fâchent pas; car, dit-on, «le dessus du sa' (sac)» c'est-à-dire ce qui se fait par dessus les vêtements, ne compte pas; si un garçon essayait de fourrer sa main en dessous, il se ferait inévitablement calotter par toutes les filles.

Les paysans prétendent que chérir une femme, c'est-à-dire coïter, a la propriété de délasser ceux qui sont fatigués.

Un des rendez-vous favoris des garçons et des filles pour se chérir — c'est-à-dire coïter — c'est la sou (étable) aux cochons. Il est probable que l'odeur forte de la merde des vêtus de soie agit sur les sens des gens de campagne, comme les odeurs d'écurie et de lessive sur ceux des héros de l'école naturaliste.

TABLE.

—

CONTES

TABLE   113

DEVINETTES, FORMULETTES ET DICTONS

CONTES PICARDS.

SECONDE SÉRIE.

. I

L'ESPRIT CONJURÉ

UN MEUNIER avait une femme fort jolie. Notre homme, obligé de passer une partie de ses nuits au moulin, était loin de combler les désirs de sa femme; aussi celle-ci avait accepté les propositions du percepteur. Comme le mari restait certaines nuits à la maison, tandis qu'il passait les autres au moulin, la femme avait imaginé de prévenir son amant par une combinaison assez simple. Une tête de cheval

8*

toute décharnée était dans la cour auprès du poulailler ; lorsque le meunier était absent, la tête était tournée vers l'entrée de la cour ; au contraire, quand il était à la maison, l'o s (ainsi la femme appelait ce fragment de squelette) était placé en sens inverse. De la sorte, nos deux amoureux n'étaient pas inquiétés, et passaient des nuits fort agréables. Un soir, le meunier sortit disant qu'il resterait toute la nuit au moulin. Vite la femme courut à la tête de cheval pour prévenir le percepteur. Peu après, le meunier revint. «Comment, lui dit sa femme, tu ne restes pas au moulin? — Non, le vent est tombé et je ne saurais travailler cette nuit. Allons nous coucher. — Déjà? — Oui, tout de suite.» La femme dut se coucher avec son mari et ne put aller changer le signal. Une heure après, le percepteur vint frapper trois coups à la porte, puis deux coups et enfin un seul. «Qui vient frapper ainsi? s'écria le meunier. Attends je vais lui en donner! — Tais-toi donc. C'est l'esprit de la nuit! — L'esprit de la nuit! — Oui. Il revient ainsi fort souvent et cherche à entrer pour nous tuer. Seulement, j'ai appris une conjuration qui va le forcer à s'en aller. Écoute:

> Esprit de nuit,
> Retourne dans ton lit;
> Prends ton repos,
> J'ai oublié de retourner l'os.»

Le percepteur comprit et se hâta de déguerpir, tandis que le meunier se rendormait tranquillement.

II

LE MALIN SERVITEUR

UN HOMME vint un jour dans un château pour y demander une place de domestique. Le seigneur le prit à son service. «Dis-moi quel est ton nom. — Je n'ose pas vous le dire. Mes parents étaient si sots qu'ils m'ont donné un nom ridicule. — Dis-le toujours. — Je m'appelle A t t r a p e - m e s - c o u i l l e s - p a r - d e r r i è r e ! — En effet, le nom n'est guère propre; mais cela ne fait rien.» Un instant après, la châtelaine lui demanda également son nom. «Je me nomme L e C h i e n.» Puis ce fut le tour de la fille du seigneur. «Mademoiselle, mon nom est

fort vulgaire; je m'appelle La Sauce.» Au
souper de ce jour-là, la cuisinière avait accommodé un poulet avec une sauce délicieuse qui plut tant à la jeuue fille qu'elle
en redemanda plusieurs fois, malgré les
observations de sa mère. Puis les châtelaines
allèrent se coucher. Dès qu'il crut tout le
monde endormi, le domestique pénétra dans
la chambre à coucher. La femme l'entendit
et dit à son mari. «Le Chien est ici; dis-
lui de s'en aller. — Tu sais bien, dit le
seigneur à moitié endormi, que je veux qu'il
reste ici. Laisse moi tranquille et dors.» La
femme se rendormit et le valet se coucha
avec la jeune fille. Puis aussitôt, il se mit
en devoir de la caresser. La fille se prit
à gémir, elle était vierge encore et elle
souffrait beaucoup. «Maman, cria-t-elle, La
Sauce me fait mal! — Je te l'avais bien
dit! Tant pis pour toi!» Et la châtelaine
se remit à ronfler, tandis que le valet continuait sa besogne. Le matin venu, il se
rhabilla et sortit de la chambre, mais pas
assez doucement pour ne pas réveiller le
seigneur. «Oh! le misérable, s'écria-t-il!»
Et il se mit à sa poursuite, tout en chemise,
à travers la cour en criant de toutes ses
forces: «Attrappe—mes—couilles—

par — derrière! Attrappe — mes — couilles—par—derrière!» Les autres domestiques se précipitèrent sur leur maître et le retinrent par l'endroit dont il parlait. Pendant ce temps le rusé valet s'enfuit et jamais plus on ne le revit.

III

LES TROIS NOMS DU DOMESTIQUE

UN CURÉ qui vivait avec ses deux sœurs eut un jour besoin d'un domestique. Un mendiant qui vint à passer par le presbytère fut engagé par le curé à rester à la maison comme valet. L'homme y consentit moyennant trente francs par mois payables d'avance. Le curé donna les gages du premier mois, habilla le mendiant et lui demanda son nom. «Monsieur le curé, mes parents m'ont donné un nom fort vilain, je m'appelle Dominus vobiscum! — Dominus vobiscum est un nom fort joli au contraire. Ne vous en plaignez pas. Tenez, voilà ma sœur aînée dans le jardin,

allez vous mettre à ses ordres. — Tout de
suite, monsieur le curé.» Le curé laissa là
le domestique et s'en alla à l'église. «Quel
est votre nom, mon ami? demanda la sœur
du curé. — Mon nom, mademoiselle? Je
n'oserais jamais vous le dire tant il est
grossier. — Qu'importe: Il est nécessaire
que je le connaisse, destiné que vous êtes
à vivre longtemps avec nous. — Puisque
vous y tenez, je m'appelle J'ai trois poils
au con! — En effet, le nom n'est guère
convenable. Mais à tout prendre il pourrait
encore être plus grossier. Voici ma jeune
sœur qui revient de chez une amie; allez
vous présenter à elle.» Le valet courut à
la rencontre de la jeune fille et dit qu'il
était le nouveau domestique. «Fort bien,
mon ami. Comment vous appelez-vous? —
Je me nomme Çà me démange! — Çà
me démange! Autant ce nom qu'un autre!»
Et la sœur du curé rentra au presbytère.
Tout alla bien ce jour-là. Mais la nuit venue,
le valet enleva l'argent et les bijoux du curé
et s'enfuit du village. A son réveil, le curé
devint furieux. C'était un dimanche et il
alla dire sa messe. Tout à coup se retournant, il aperçut le domestique. «Dominus
vobiscum! Dominus vobiscum! cria-

t-il aux chantres. — Et cum spiritu tuo! répondirent ceux-ci.» La vieille sœur voyant le valet cria: «J'ai trois poils au con! J'ai trois poils au con! — Tais-toi donc, salope! cria le curé.» Et la jeune fille, à son tour: «Çà me démange! Çà me démange!» — Gratte-toi donc, si ça te démange! lui dirent les vieilles dévotes scandalisées.» Pendant ce temps, le valet faisait un pied de nez au curé et à ses sœurs et disparaissait de l'église et du village.

IV

LE MENDIANT MARCHAND D'ESPRIT

CERTAIN CURÉ avait acheté à la ville un plein panier d'andouilles, de saucissons et de saucisses. Rentré au presbytère, il dit à sa servante. «Portez ce panier à la cave. Ce sera pour Pâques. — Bien, monsieur le curé, je vais le ranger pour Pâques.» La servante porta le panier à la cave et le curé s'en alla à l'église pour y faire le catéchisme. Tout à coup un mendiant étranger entra dans la maison. «La charité s'il vous plaît! dit-il à la servante.» Celle-ci prit un morceau de pain et le donna au pauvre. «Rien que cela! vous n'êtes guère charitable. — Qu'est-ce que vous voulez, je n'ai que cela à vous donner. Il y a bien ici un panier d'andouilles et de saucisses, mais monsieur le curé a dit que c'était pour Pâques. — Eh bien! pourquoi ne me les donnez-vous, puisque c'est moi qui me nomme Pâques? — Oh! alors, c'est différent!» Elle courut à la cave et en rapporta le panier qu'elle donna au mendiant. Le pauvre portait un mauvais pantalon tout de loques et de morceaux et par les trous on apercevait son membre. «Dites donc, Pâques, demande la servante, qui est-ce que vous portez-là entre les jambes? — Cela, ma fille, de l'esprit. — De l'esprit! vous tombez bien; monsieur le curé dit toujours que je n'en ai pas; voulez-vous m'en vendre pour dix sous? — Avec plaisir. Couchez-vous sur le lit, relevez vos jupons et votre chemise et laissez-moi faire.» La servante fit ainsi qu'on lui disait et le mendiant lui servit pour dix sous d'esprit. «Ah! mon Dieu! qu'il est bon votre esprit! Donnez-m'en encore pour dix sous.» Le mendiant recommença et ayant achevé, il prit les vingt sous et le panier et se hâta de déguerpir. Le curé rentra de l'église peu après et alla voir à la cave si le panier était bien rangé. Ne l'y trouvant pas, il remonta furieux: «Où avez-vous mis les andouilles et les saucisses? — N'avez-vous point dit que c'était pour Pâques? Le mendiant Pâques est venu il n'y a qu'un instant, et je les lui ai données. — — Sotte! J'ai bien raison de dire que vous n'avez pas d'esprit! — Pas d'esprit! Pas d'esprit, monsieur le curé! Eh bien! sachez que j'ai plus d'esprit dans mon con que vous n'en avez dans la tête!»

V

LE CHARIOT DANS LE VENTRE DU CURÉ

UN CURÉ malade depuis longtemps prit le parti de consulter une remégeuse qui demeurait en un endroit nommé Frise. Comme cette femme jugeait de la nature des maladies par l'inspection de l'urine, notre curé en remplit une bouteille de verre. Puis il appela sa servante: «Catherine, voici une bouteille d'urine. Tu vas l'emporter et aller consulter la femme de Frise. Si elle t'ordonne quelque drogue tu la prendras en passant chez le pharmacien d'Albert. La servante munie de la bouteille prit le chemin de Frise. En traversant le dernier village, la pauvre femme butta dans une pierre et tomba si malheureusement qu'elle cassa la bouteille. «Jésus! Maria! que faire? Que dira monsieur le Curé?» Et la servante était près de s'arracher les cheveux de désespoir lorsqu'elle eut une inspiration. Elle entra dans une maison et raconta son aventure à la femme qui se trouvait être enceinte. «Vous seriez bien bonne, madame, si vous vouliez me donner une autre bouteille et pisser dedans. Monsieur le curé n'en saurait rien et ne me mettrait pas à la porte. — C'est chose bien facile. Je vais faire ce que vous me demandez.» La chose faite, la servante prit la bouteille et fut bientôt chez la remégeuse. «Monsieur le curé est malade depuis quelque temps et il m'a envoyée vous consulter. Voici vingt francs, qu'il m'a donnés pour vous.» La femme examina la bouteille. «Mais ce n'est pas de l'urine d'homme ceci. — Comment donc? Mais c'est bien celle de monsieur le curé. — Impossible! — Quand je vous dis que si! Rien n'est plus vrai. — En ce cas, Monsieur le curé a un chariot dans le ventre. — Un chariot, vous plaisantez! — Pas du tout. Mais c'est facile de le guérir. Vous prendrez en passant chez le pharmacien d'Albert pour deux sous de la graisse que je vais écrire sur ce papier; rentrée au presbytère vous direz à monsieur le curé de s'en frotter le bas-ventre au moyen d'un morceau de laine et il sera guéri.» La servante s'en retourna. En passant par la ville, elle ne manqua pas d'entrer chez le droguiste et d'y prendre pour deux sous de graisse. Rentrée au presbytère, le curé lui dit: «Eh bien, Catherine, qu'a dit la femme de Frise? — Ne m'en parlez pas, monsieur le curé, elle a dit une chose si extraordinaire que je n'y puis rien comprendre. — Et quoi donc! — Que vous aviez un chariot dans le ventre! — Ce n'est pas possible! — Si, si, si! Et j'ai pris chez le pharmacien pour deux sous d'une graisse qui doit chasser ce maudit chariot. Vous allez prendre un tampon de laine et vous frotter le bas-ventre avec cette graisse.» Le curé releva sa soutane, déboutonna ses culottes et s'apprêta à user du

remède.   Mais se ravisant: «Catherine, viens
donc me frotter avec la graisse. — Oh!
monsieur le curé, vous n'y pensez pas! —
— Mais si, il ne faut pas être gênée. Du
reste cela sera mieux fait.» La servante
se mit en devoir de frotter le ventre de son
maître. Tout à coup, le membre du curé
se releva: «Ah! monsieur le curé; est-ce que
je ne vous disais pas que vous aviez un
chariot dans le ventre? Ne voyez-vous pas
que voilà déjà le timon qui sort?»

VI

LE CURÉ PÉTEUR

UN CURÉ avait trouvé moyen d'avoir
des servantes sans les payer. Il les
engageait pour un mois sous condition
qu'au bout de ce temps si la servante pétait
plus fort que lui, elle aurait des gages fort
élevés, mais dans le cas contraire, qu'elle
ne resterait pas à son service et ne serait
pas payée de son mois. Il était venu des
femmes de tous les côtés, mais aucune

n'avait pu réussir à battre notre curé. Une femme arriva un jour au presbytère. «Que voulez-vous, demande le curé? — La place de la servante que vous avez renvoyée. — C'est bien, mais ... il y a des conditions ... — Je les connais; c'est pour péter, n'est-ce pas? J'accepte. — En ce cas, nous allons mettre de la farine en égale quantité dans deux assiettes et nous nous essaierons de suite. — Soit, monsieur le curé.» Les assiettes préparées, le curé se plaça sur l'une et ... brrr ,.. souffla la moitié de la farine. Alors la femme, faisant de même souffla toute la farine et brisa l'assiette. Le curé étonné voulut voir le cul de la femme. «Ce n'est pas étonnant, dit-il, vous avez deux trous à votre soufflet, et je n'en ai qu'un!»

[Dans une variante de la Lorraine les assiettes de farine sont remplacées par des assiettes de son et le conte se termine par ces paroles du curé: cela n'est pas étonnant, vous avez un fusil à deux coups!]

VII

LE PAPE DANS ROME

Un curé avait dans son jardin un poirier chargé de fruits. On venait régulièrement les lui voler pendant la nuit. Sa servante interrogée sur ce qu'il y avait à faire lui donna le conseil suivant: «Monsieur le curé prenez quelques vieilles sonnettes et attachez-les aux menues branches de l'arbre. Les voleurs les feront tinter et vous serez averti. — Ton avis est excellent; je vais le mettre en pratique.» Ce qui fut fait. La nuit venue, les voleurs passèrent à travers la cloture du jardin et montèrent sur l'arbre. Mais aussitôt les clochettes de carillonner et les maraudeurs de s'enfuir abandonnant les poires qu'ils avaient cueillies. Le curé se réveilla et put voir les voleurs qui se sauvaient au plus vite. «Ce n'est pas la peine de me lever, pensa-t-il. Demain je ramasserai les poires tombées.» Le matin, le curé et sa servante allèrent au poirier. La femme releva son jupon pour y mettre les fruits et le curé lui vit le con. «Ma fille, qu'est-ce que vous avez donc entre les jambes? —

Monsieur le curé, c'est R o m e. — Très-
bien, très-bien.» Au bout d'un instant, le
jupon de la servante fut rempli et le curé,
relevant sa soutane pour y mettre aussi
des poires, laissa voir son membre. «Monsieur le curé, qu'est-ce qui vous pend
donc entre les jambes? — Ma fille, cela c'est
le P a p e. — L e P a p e? — Oui, mon enfant.
Et tu sais que le Pape reste dans Rome,
aussi, couche-toi sur le gazon; nous re-
mettrons le Pape dans sa ville. — Une
bonne idée, monsieur le curé; vite, vite,
mettons le Pape dans Rome.»

VIII

LE PLANTON DU COLONEL

ERTAIN COLONEL marié avait à sa porte
un planton, toujours le même, auquel
il tenait beaucoup. Mais chaque fois que la
bonne sortait pour faire ses courses, le planton lui présentait les armes et lui disait: «Oh!
quelle bonne soupe aux choux je te tremperais! La bonne finit par s'impatienter de

Κρυπτάδια. II. 9

ce manège et se promit d'avertir sa maîtresse. Un jour rentrant du marché, le planton lui présenta encore les armes lui re-
disant pour la centième fois: «Oh! quelle
bonne soupe aux choux je te tremperais!
— Cela ne peut durer plus longtemps, se
dit la jeune fille. Je vais prévenir Madame.» Elle arriva essoufflée et furieuse chez
la colonelle. «Qu'y a-t-il ma fille? qu'est-
il arrivé? — Il y a que je n'ose plus passer
devant le planton. — Et pourquoi donc? —
Que je sorte ou que je rentre il présente
les armes et me dit qu'il me tremperait bien
une soupe aux choux. — Vraiment. Sors
encore une fois et viens me prévenir s'il
recommence.» La bonne sortit et bien entendu le planton lui redit sa phrase favorite.
«Madame, courut dire la jeune bonne, il a
recommencé. Si vous ne l'empêchez pas,
je ne reste plus ici. — Va lui dire de venir
me parler.» La servante descendit prévenir
le soldat. «Oh! quelle bonne.... — Taisez-
vous, imbécile, et venez parler à Madame.
— On y va! on y va!» Et le soldat suivit
la bonne dans le salon de la femme du
colonel. «Vous en faites de belles, monsieur
le planton! Qu'avez-vous donc contre ma
bonne? — Ce que j'ai contre votre bonne,

mais rien du tout. Au contraire, je lui dis que je lui tremperais une bonne soupe aux choux, et je ne mens pas. Je suis tout disposé à le faire. — Vous êtes un impertinent. Suivez-moi dans ma chambre.» Le planton suivit la colonelle qui ferma la porte à double tour. «Vous dites que vous tremperiez une bonne soupe aux choux à ma bonne. Est-ce bien vrai? — Oui, madame. — Et à moi? — Avec encore plus de plaisir! — Eh bien alors, couchons-nous et trempez-m'en une bien salée.» Vite le soldat enleva képi, veste, pantalon et souliers et se coucha avec la femme. Au bout d'un instant: «Ta soupe est très bonne. M'en tremperais-tu bien une deuxième? — Avec plaisir, madame, allons-y pour une deuxième.» Après le deuxième coup, colonelle et planton se reposèrent un instant. Puis la femme: «Donne-m'en une troisième, je ne m'en rassasie pas. — Tout de suite, tout de suite, madame.» Après le troisième, il fallut encore y aller une quatrième, Le planton était cette fois épuisé. Il avait beau faire, son membre persistait à faire le mort. «Ecoute, tu vas me servir une dernière soupe! lui dit la colonelle! — Sacré Nom de Dieu de putain! s'écria le planton; est-ce

9*

que tu croirais par exemple que mes couilles, c'est la marmite du régiment ?»

(Variante)

A la porte d'un colonel était un jour d'hiver un planton qui grelottait et se mourait de froid. Tout auprès était la cuisine d'où s'échappait une délicieuse odeur de soupe aux choux. «Un bouillon et un bon coup par dessus, s'écria le soldat, ça ferait la joie du pauvre planton !» La femme du colonel entendit l'exclamation et dit à sa bonne de faire monter dans sa chambre le pauvre planton. «Qu'est-ce que tu disais tout à l'heure, soldat ? — Oh rien, madame ! — Si, je veux que tu le répètes. — Je disais qu'un bouillon et un bon coup par dessus ça ferait bien ma joie. — Eh bien ! je veux te rendre heureux .... Marie, apportez un bouillon au soldat et retirez-vous.» Le soldat avala la soupe au choux. «Maintenant que tu as le bouillon, viens coucher avec moi.» Le soldat eut bientôt fait de satisfaire son désir. La colonelle appela encore la bonne: «Marie, une soupe aux choux pour le soldat.» Le potage avalé, le soldat recommença.

Puis ce fut un troisième bouillon et un troisième coup; un quatrième bouillon et un
quatrième coup. Et comme la femme appelait une cinquième fois la bonne: «Sacrée
peau de chien! s'écria-t-il; crois-tu par
hasard qu'il y a autant de foutre dans mes
couilles que de bouillon dans la marmite du
colonel?»

———

IX

LE SOLDAT AU COUVENT

UN SOLDAT passait un jour auprès d'un
couvent de filles. En regardant par-
dessus de la muraille, il aperçut une nonne
charmante. «La jolie fille! dit-il.» Et d'un
bond il fut auprès d'elle. «Ah! mon Dieu,
qui êtes-vous? — Taisez-vous, je suis un
soldat. Je vous ai vue par-dessus la muraille et je vous ai trouvée si belle que je
n'ai pu me retenir et que j'ai couru jusqu'ici.
— Mais si l'on vous voyait, savez-vous qu'on
vous jetterait en prison? — Je le sais bien,
aussi laissez-moi vous embrasser et je m'en
vais.» Le soldat embrassa la nonne et fit

mine de vouloir franchir à nouveau le mur
du couvent. «Je ne puis y arriver, dit-il.
Comment vais-je sortir d'ici? Je suis perdu
si vous ne me cachez pas quelque part. —
Mais où vous mettre, je ne sais. — Mettez-
moi dans votre chambre et la nuit venue je
m'en irai.» La jeune fille se laissa persuader
et ils passèrent la nuit ensemble. Le lendemain matin, des nonnes vinrent frapper à
la porte. «Où me cacher, demanda le soldat?
— Voici une malle, mettez-vous dedans.»
Le soldat se cacha dans la malle et la nonne
ouvrit. Mais tout à coup, le pauvre soldat
eut une forte envie d'éternuer et lâcha un
a t c h i! épouvantable. «Qu'est-ce qu'on
entend dans cette malle? demandèrent les
nonnes.» Et elles ouvrirent la caisse dans
laquelle elle trouvèrent le soldat tout nu.
«Jésus! Marie! qu'est ce que cela? — C'est
un nouveau saint pour la chapelle.» Les
nonnes se mirent à promener la main sur
le saint. Son membre excité se releva subite-
ment. «Ah! la jolie invention! dirent elles.
Nous pourrons y suspendre nos chapelets
entre les offices!»

X

LES DEUX FRÈRES ET LEURS FEMMES

DEUX FRÈRES, bûcherons de leur état, avaient épousé deux sœurs. L'une, la femme de l'aîné était belle, l'autre était laide. Un jour, les bûcherons étant dans la forêt, un étranger vint à passer devant la maison de la plus belle, et l'aperçut à la fenêtre. «La jolie femme, dit-il, je donnerais bien cent pistoles pour coucher avec elle!» La femme l'entendit et, courant à la porte, dit: «Etranger, dites-vous vrai? — Si je dis vrai? Je le pense bien. Je donnerais mille francs pour coucher rien qu'une heure avec vous. — Eh bien! c'est chose facile. Mon mari est absent. Entrez et nous nous amuserons.» L'étranger entra, se déshabilla, se coucha avec la femme et en prit pour son argent. Au bout d'une heure, il prit cinquante louis et les donna à la femme. Puis il continua sa route. «Ces mille francs viennent bien à propos, se dit la bûcheronne. Il y a longtemps que je désirais faire un bon dîner. Allons acheter tout ce qu'il faut pour un bon repas.» C'est ce qu'elle fit. A l'heure de midi, les bûcherons rentrèrent de la forêt. «Mes amis, dit la femme, il m'est arrivé une aventure; j'ai reçu beaucoup d'argent et j'en ai profité pour vous préparer un excellent diner. Le frère voudra bien me faire le plaisir de rester avec nous pour en prendre sa part. — J'accepte.» L'on se mit à table et l'on fit bombance. Le dîner terminé, le mari demanda à sa femme: «D'où vient cet argent qui t'a permis d'acheter toutes ces bonnes choses? — Tu vas sans doute me gronder? — Je te jure que non! dis. — Voici: Un étranger, un prince, le roi peut-être, m'a aperçue à la fenêtre et a dit qu'il donnerait bien cent pistoles pour coucher avec moi, je l'ai appelé et en une heure de temps j'ai gagné cet argent. Es-tu mécontent? — Non, non. S'il repasse par ici, mets-toi à la fenêtre!» Le frère prit congé et retourna à sa maison. «Charogne! laidasse! femelle crapaud! s'écria-t-il en rentrant. — Mais qu'y a-t-il, François? — Ce qu'il y a, vieille toupie! Ce n'est pas toi qui gagnerais, comme ta sœur, mille francs à coucher avec un étranger!» Et le bûcheron raconta à sa femme ce qui était arrivé. «Qu'est-ce que tu veux, mon pauvre François! ce n'est pas ma faute; le maire et

le curé couchent chacun deux fois par
semaine avec moi et jamais ils ne m'ont rien
donné !»

XI

LES ÉCREVISSES DU CURÉ

N CURÉ acheta un jour des écrevisses.
«Tiens, dit-il en rentrant à sa mé-
k a i n e (servante); mets cuire ces écrevisses
pour mon souper. — Mais, monsieur le curé,
je n'ai jamais fait cuire de pareilles bêtes;
comment saurais-je quand il faudra les retirer de l'eau? — Lorsqu'elles seront rouges.
Du reste tu ne les enléveras pas avant de
m'avoir demandé si elles sont cuites à point.
Ne l'oublie pas!» La servante prit les écrevisses et les mit sur le fourneau. Pendant
ce temps, le curé s'était mis à écrire dans
son cabinet de travail. Au bout d'un quart-
d'heure, la servante apporta la casserole.
«Voilà que les écrevisses rougissent. Sont-
elles assez cuites, monsieur le curé? — Non,
ma fille, pas encore.» La servante remit les

écrevisses sur le feu, attendit quelque temps et les voyant plus rouges, revint trouver son maître. «Et maintenant, monsieur le curé? — Pas encore, pas encore.» Une troisième fois elle revint. «Enfin cette fois, elles sont cuites à point, je crois? — Non, non, ce n'est pas encore le moment. — Alors, que le diable enlève ces écrevisses de malheur. Elles ne seront donc jamais cuites!» Le curé relevant sa soutane et montrant son membre tout dressé, lui dit: «Tiens, ma fille, quand elles seront aussi rouges que la tête de ma pinne tu pourras les enlever. — Et vous, monsieur le curé, dit la servante en relevant ses jupons et en montrant son con, quand vous aurez une gueule aussi grande que celle-là, vous pourrez manger vos écrevisses toutes crues!»

XII

LE JEUNE HOMME QUI NE VOULAIT PAS SE MARIER

UNE FEMME avait un grand garçon bénet qui ne voulait pas se marier par la raison qu'il ne savait rien des choses du mariage. «Mon fils, lui répétait sa mère, te voilà déjà vieux. Tous les jeunes gens de ton âge ont pris femme, et tu restes toujours célibataire, il est temps que cela finisse. Mais ma mère, à quoi sert de me marier? — Que tu es simple! Si une fois tu avais goûté d'une femme tu ne voudrais plus faire autre chose! — C'est donc bon à manger, la femme! — Non, mais, ... tout à l'heure je te ferai voir!» La bonne femme prit des confitures bien sucrées et s'en remplit le con, puis elle revint vers son fils et lui dit: «Tiens, tu vois ce grand trou entouré de poils? — Oui, c'est un rat. — Mais non; mets-y le doigt et suce-le. — Ah! comme c'est bon; cela a le goût de confitures. Est-ce que les jeunes filles en ont? — Certainement, grand bénet, et encore de meilleures. — Alors, je veux me marier.

Cherche-moi une femme.» La mère, alla trouver la fille d'une de ses voisines et la décida à se marier avec son fils. Le soir des noces on se coucha. L'innocent n'eut rien de plus pressé, aussitôt couché que de chercher le trou aux confitures. «On le disait simple d'esprit, pensa la mariée, ce n'est pourtant pas vrai.» Enfin le marié trouva le petit trou si cherché, il y fourra le doigt et vite, il le porta à sa bouche. «Brrrr! fit-il. La maudite femme que j'ai là! Ses confitures sont loin d'être aussi bonnes que celles de ma mère!»

(Variante)

Cette fois, c'est un pigeon bien rôti et accommodé aux oignons que la mère a caché dans son con et qu'elle fait trouver à son fils. «L'excellent pigeon, ma mère! Vite qu'on me marie avec ma voisine!» La bonne femme est toute heureuse et le mariage se célèbre. La soir venu, les mariés se couchent et le jeune homme se met en devoir de chercher l'oiseau rôti. «Enfin, nous allons nous amuser, pense la jeune femme!» Mais le marié arrivant à l'endroit et sentant les poils: «Ah! mon Dieu! Tes pigeons ne valent rien; ils ne sont pas rôtis comme ceux de ma mère: ils sont encore à plumer!»

XIII

LE CURÉ FAISEUR D'OREILLES

UN CURÉ alla un jour rendre visite à une de ses paroissiennes mariée depuis quelque mois, choisissant avec intention une heure où le mari était absent. Tout en causant elle lui fit connaître qu'elle était enceinte. Il lui dit: «Je m'en suis bien aperçu en entrant et même j'ai remarqué une chose qui m'a fait beaucoup de peine. — Quoi donc, monsieur le curé? — Oh! si je n'étais pas entré ici en passant, tout était perdu, oui, perdu sans rémission. — Vous me faites peur, parlez, je vous en supplie. — Voici ce qu'il y a. Votre mari vous a fait un enfant sans oreilles qui sera l'objet de la risée générale. — Un enfant sans oreilles? — Oui, oui. Mais heureusement j'ai là d'une certaine graisse qui peut lui en faire pousser aussitôt. — De grâce, mon bon monsieur, hâtez-vous de faire ce qu'il faut pour que mon enfant ne soit pas ridicule. — C'est que c'est difficile. Enfin, je ferai cela pour vous. Couchez-vous sur le ventre dans votre lit, fermez bien les yeux sans essayer de voir et laissez-moi faire.» La femme s'empressa de se mettre dans la position indiquée, et vite le curé lui releva les vêtements, et lui fourra son membre à l'endroit voulu. Au bout d'un instant: «Tout va à souhait, mon enfant; ma graisse fait son effet, voici une oreille de faite. Ne bougez pas, je vais faire l'autre.» Et le curé recommença l'application de sa graisse. «Maintenant c'est fait, mon enfant, vous pouvez vous relever. Grâce à Dieu, votre enfant sera comme tout le monde. Adieu!» Quand le mari revint le soir, sa femme l'accabla d'injures. «Misérable! monstre! tu ne m'aimes pas, tu veux faire de moi la plus malheureuse des femmes! — Voyons, voyons, qu'y a-t-il donc? — Ah! que suis malheureuse! Comment oses-tu te présenter ici? Faire un enfant sans oreilles, grand Dieu! Sans monsieur le curé, qu'aurait-on pensé de moi dans le village?» Enfin, le mari se fit raconter en détails l'histoire des oreilles. Sans dire un mot, il courut au presbytère, pénétra dans l'étable du curé et coupa les oreilles de tous les cochons qui s'y trouvaient. On juge de la fureur du curé quand le lendemain il s'aperçut de cette mutilation. Le dimanche suivant dans son sermon il se plaignit amèrement du tour qu'un de ses paroissiens lui avait joué. «Ah! mes frères; je croyais n'avoir ici que des amis, mais je me suis trompé. Quelqu'un m'en veut et l'on est venu couper la nuit les oreilles de mes cochons....!» En cet instant, le mari trompé cria tout haut: «Ne vous désolez pas, monsieur le curé. Celui qui sait faire des oreilles aux enfants qui n'en ont pas, saura bien en rendre à ses cochons!»

XIV

LE COCHON DU CURÉ

ERTAIN CURÉ avait un cochon qu'il élevait pour la fête du village. Cette époque arrivée, il alla consulter le marister (magister, maître d'école) pour savoir ce qu'il avait à faire. «Tu connais bien, Jean, quelle est la coutume du pays. Celui qui tue un cochon doit envoyer un morceau de choix à ses amis qui lui ont fait semblable cadeau dans le courant de l'année. Il n'est aucun de mes paroissiens envers qui je ne sois redevable, et si je fais suivant la coutume, il ne me restera rien de mon cochon. Pourtant, comment faire autrement? On ne m'inviterait plus à aucune tripée. Il n'y a que toi qui puisses me donner un bon conseil à ce sujet. «C'est bien simple, faites tuer votre cochon et à la nuit tombante suspendez-le à votre porte, en dehors. Une heure après, sans qu'on vous voie, rentrez-le et mettez-le au saloir. Puis demain faites courir le bruit qu'on vous l'a volé. On vous plaindra fort et vous n'en recevrez que plus de saucisses et de côtelettes à l'avenir. — Je te remercie de ton avis.» Et le curé fit tuer son cochon et le fit suspendre en dehors de la porte du presbytère. «Le beau cochon qu'a monsieur le curé, se disaient les paysans. Demain il y aura soupe fraîche dans tout le village.» Mais le malin maître d'école n'eut rien de plus pressé à la nuit close que d'aller décrocher l'animal, de l'emporter à sa maison et de le mettre au saloir.» Le lendemain tout au matin, le curé était chez le magister. «Ah! mon Dieu! quel vol abominable! quelle profanation! quel sacrilège! le cochon de l'homme de Dieu! — Eh bien, quoi, monsieur le curé? — On m'a volé mon cochon hier soir! — Dites toujours ainsi, monsieur le curé! — Mais je t'assure qu'on me l'a volé! — Soutenez-le toujours, vous avez raison; on vous croira d'autant mieux! — Quand je te dis que je ne plaisante pas! — Vous avez raison, vous avez raison!» Voyant qu'il perdait son temps, le curé prit le parti de se taire. Quelque temps après, il entendit le fils du maître d'école qui disait: «Le cochon de monsieur le curé est bien bon avec nos choux!» Le curé s'approcha et dit à l'enfant: «Pourrais-tu bien répéter ce que tu viens de dire? Tu auras vingt sous. — Parfaitement. Je disais: Le cochon de monsieur le curé est bien bon avec nos choux! — Si tu veux répéter ce que tu viens de dire, à la messe de dimanche, tu auras encore vingt sous. — Donnez-les moi d'avance. — Les voilà. A dimanche!» Le dimanche suivant, le curé monta en chaire et commença par se plaindre d'un de ses paroissiens qu'il ne nomma pas et qui, disait-il, l'avait volé indignement. «Et mes frères, le bon

Dieu qui voit tout, continua-t-il, ne permet pas que les crimes restent impunis. Un instant on peut espérer se soustraire à sa vengeance, mais l'heure arrive où la vérité se fait place. Il choisit, s'il lui plaît même, la bouche d'un enfant pour la faire paraître au grand jour. En voulez-vous un exemple éclatant. Écoutez la parole de vérité..... Pierre, dis-nous ce que tu sais!» Mais l'enfant, qui avait reçu la leçon de son père, se leva de sa place et cria à haute voix: «J'ai dit que l'autre jour monsieur le curé avait voulu baiser ma mère dans les choux?»

Ce conte se retrouve tel quel ou à peu près dans un petit ouvrage intitulé Le Facétieux Réveil-matin ou Histoires récréatives (Nouv. édition) à Lille, chez Pillot, rue des Prêtres, sans date d'impression. In-12. (milieu du XVIIIe siècle).

XV

LA VEUVE INCONSOLABLE

UNE BONNE FEMME venait de conduire son mari à sa dernière demeure. Elle pleurait tant et sa douleur était telle que des voisines furent obligées de la prendre par le bras et de la ramener chez elle. «Mon pauvre homme! disait-elle. Faut-il que je le perde si tôt! lui si bon, si aimable, si prévenant! Jamais on ne le vit au cabaret; toujours il était à son travail ou auprès de moi! Hi! hi! hi! Non, non, jamais je ne l'oublierai! jamais, jamais, jamais!» Rentrée chez elle, tout en pleurant elle remit en ordre son ménage, et ensuite se rendit chez sa voisine qui chauffait le four pour y faire cuire son pain. «Ah! vous voilà, Marianne! Asseyez-vous et ne pleurez pas tant. Ce qui est fait est fait, nous n'y pouvons rien. — Ah! que je suis malheureuse? hi! hi! hi!.... Non, jamais je ne l'oublierai! hi! hi! hi.» Et tout en pleurant la pauvre femme s'assit sur une galette toute chaude que l'on venait de retirer du four. Mais tout à coup sentant la chaleur qui la pénétrait: «Ah! mon Dieu! qu'est-ce que je disais donc que jamais je ne l'oublierais! il le faudra bien: je sens déjà mon cul qui s'échauffe!»

XVI

LE COUP DE CORNES DE LA VACHE

UNE FEMME avait des relations intimes avec le curé du village. Toutes les nuits la femme faisait coucher son mari dans le fond du lit contre la muraille et, quant à elle, elle se tenait au bord le cul tourné à l'opposé de son mari. L'homme s'endormait et à minuit le curé arrivait et travaillait dur et ferme. A la fin, le mari fut étonné de voir toujours sa femme dans la même position et lui en demanda la raison. «Tu ne vois pas, espèce de sot, que c'est pour que la vache me lèche le cul! — C'est donc bien bon? En ce cas, ce soir je prendrai ta place.» La femme prévint le curé. Le soir venu, homme et femme se couchèrent, mais pas à leur place habituelle.

Minuit arriva. Le curé entra sans bruit, armé d'un gourdin, et pan! en asséna un coup sur le derrière de l'homme qui poussa un cri: «Grand Dieu! s'écria-t-il, je ne me mettrai plus là. La vache m'a donné un coup de cornes qui a failli m'enlever les couilles!»

XVII

LES GENS BIEN ÉLEVÉS

UNE BRAVE PAYSANNE s'en allait à la ville et derrière elle marchait un curé. Tout à coup la femme lâcha un pet formidable. «Sors, Bienheureux! dit-elle.» Un moment après, ce fut le tour d'un second. «Sors, Délabré! dit-elle.» Se retournant alors, elle aperçut le curé. «Depuis quand êtes-vous ici, monsieur le curé? — Depuis que Délabré est sorti, ma bonne femme.» Le curé continua sa route et sur le chemin vit un gamin qui cueillait des pommes. «Tes pommes sont-elles bonnes, mon enfant? — Aussi bonnes que de la merde! — Je vais le dire

à ton père, petit polisson.» Passant devant
la maison du père, savetier de son état, le
curé lui raconta ce qu'avait dit son fils:
«Que voulez-vous, monsieur le curé, il est
comme sa mère, aussi sale que son con!»
Un peu plus loin, le curé rencontra la femme
et lui fit part de la réponse grossière du
fils et du mari. «Qu'y faire, monsieur le
curé, mon mari est aussi bête que son cul!»
Le curé continua son chemin disant scan-
dalisé: «A tel arbre, tel fruit!»

XVIII

L'OISEAU FROUC FROUC

UNE JEUNE FILLE était malade depuis
longtemps, on ne savait trop de quoi.
Les plus habiles médecins avaient été appelés
et lui avaient ordonné toutes sortes de remèdes qui n'avaient produit aucun effet. La
jeune fille était belle et le curé du village
eût bien désiré la baiser, mais . . . . comment
y arriver? C'était là le difficile. Un jour,
il rencontra la jolie malade se promenant

auprès du village et il l'aborda. «Bonjour, mon enfant. — Bonjour, monsieur le curé. — Comment allez-vous? Vous me semblez un peu mieux portante que ces jours derniers. — Non, monsieur le curé; je suis toujours aussi malade et je commence à désespérer. — N'allez-vous donc jamais vous promener au bois? L'air de la forêt vous ferait beaucoup de bien et vous guérirait. — Vous croyez cela? — J'en suis sûr. Seulement si vous y allez, ne vous avisez pas de vous promener par les petits sentiers sous bois. Suivez la grande voie; promenez-vous bien doucement, sans vous fatiguer..... Ah! j'allais oublier; dans le bois, il y a un grand oiseau nommé f r o u c f r o u c à cause de son cri et qui cherche à arracher les yeux des personnes qu'il rencontre. Sitôt que dans les buissons vous entendrez f r o u c! f r o u c! vous vous cacherez les yeux avec soin et l'oiseau s'en ira aussitôt. — Je vous remercie de votre conseil? dès demain matin j'irai au bois.» Le curé s'en alla en se frottant les mains. Le lendemain matin, la jeune fille s'en alla se promener dans la grande allée solitaire du bois. «Monsieur le curé a eu une excellente idée, pensait-elle. Il fait bien bon ici au milieu des arbres et des

fleurs qui sentent si bon. J'y reviendrai.»
Mais tout à coup, elle entendit dans le fond
du bois : «Frouc! frouc! frouc! frouc!
— L'oiseau! je n'ai qu'à bien me tenir. Mais
au fait, il est trop loin, et ne viendra pas
jusqu'ici.» Et elle se promena encore.
«Frouc! frouc! frouc! frouc! fit
l'oiseau tout près.» La jeune fille voulut
s'enfuir, mais les cris devenant plus mena-
çants, elle s'arrêta, releva sa robe et sa
chemise et se couvrit les yeux. Notre curé
— on a bien deviné que c'était lui qui faisait
frouc! frouc! dans le taillis — ne perdit
pas de temps. Vite il releva sa soutane,
saisit son membre et le plaça à l'endroit
voulu. Mais la jeune fille : «Mets ton bec
dans mon con si tu veux, tu ne pourras pas
le mettre dans mes yeux!»

XIX

LA GRENOUILLE ET LE CRAPAUD

UNE GRENOUILLE et un crapaud s'en allaient un jour à la ville. Le soir vint, et nos deux voyageurs trouvant une femme endormie au bord de la route se blottirent l'un dans son con et l'autre dans son cul. Peu après passa un berger. «La jolie fille! dit-il. Je vais la baiser!» Il releva les jupons et la chemise de la fille et par trois fois la monta. Puis il s'en alla. La femme se réveilla, se leva et fit tomber la grenouille et le crapaud. Quand elle fut partie: «Eh bien! dit la grenouille. — Ah! quelle peur j'ai eue! On m'avait vu sans doute car il est venu par trois fois un étichoir (seringue) dont on a failli me noyer. — Et moi donc! Un forgeron est venu me frapper des ses marteaux pendant plus d'une heure. Heureusement que la porte était solide!» Et grenouille et crapaud reprirent leur route.

XX

LE LAVEMENT DU CURÉ

UN JOUR une femme malade alla consulter son curé qui lui donna l'or-
donnance suivante: Rentrez chez vous, prenez telle et telle plante, et mettez-les bouillir
dans cinq litres d'eau. Laissez refroidir et
faites-vous donner un lavement. Répétez
chaque jour trois fois, et dans une semaine,
vous serez guérie. — Faut-il commencer
aujourd'hui, monsieur le curé? — Certainement, et même tout de suite. — Mais...
c'est qu'il n'y a personne à la maison. —
Eh bien... je n'ai rien à faire pour l'instant, je vous aiderai. La femme accepta et revint à la maison avec le curé.
Les herbes furent trouvées et l'opération
achevée. «Monsieur le curé, dit la paysanne;
je sens que cela me fait déjà du bien. Quand
devrai - je recommencer? — Dans trois
heures. J'ai besoin de sortir, mais je reviendrai au moment voulu. Adieu!» Le
temps fixé s'écoula et le curé ne revint pas.
La femme s'impatientait; mais tout à coup:
«Que je suis sotte! j'ai là ma fille; elle saura

bien m'administrer le lavement.» Elle prit la seringue, la remplit et expliqua à sa fille ce qu'il fallait faire. Puis elle releva ses vêtements, se baissa et écarta les jambes. L'enfant, apercevant deux trous, s'écria: «Oh! ma mère, lequel est-ce des deux; si c'est celui du bas, point n'est besoin de seringue; il est si grand que je puis y verser à même le seau!»

XXI

LA FEMME COUVEUSE

UNE ÉPICIÈRE avait une cane. Elle prit douze œufs, les mit dans un panier sans anse et les lui donna à couver. Tout allait bien quand un matin la femme trouva l'animal mort sur les œufs encore tout chauds. «Quel malheur! s'écria-t-elle. Encore un jour et les petits canards allaient naître. Si je couvais à la place de la cane, bonne idée!» Et l'épicière releva ses vêtements et s'accroupit sur les œufs. Une heure après, un voisin entra. «Bonjour, femme.

Donnez-moi une livre de sucre. — Bonjour,
voisin. Je ne puis vous servir. Ma cane est
morte et je couve à sa place. Je ne puis
bouger. — Qu'à cela ne tienne, je couverai
un instant à votre place.» L'homme fit
glisser ses culottes, s'accroupit et se couvrit
de sa blouse. L'épicière prépara le sucre
demandé, puis, passant la main sous la blouse
du voisin pour voir si les œufs étaient bien
chauds, elle saisit le membre de l'homme.
«Dieu ! s'exclama-t-elle. Ce ne sont point
des œufs de cane que j'ai mis à couver : ils
sont déjà éclos; j'en tiens un par le cou,
pour sûr, ce sont des oisons !»

XXII

JEAN QUATORZE-COUPS

Tout près d'ici, vivait il y a déjà longtemps une veuve dont le fils était
chasse-manée, autrement dit, domestique
dans un moulin. Jean — c'était le nom du
jeune homme — avait vingt-quatre ans et
jamais n'avait songé à se marier. On disait

dans le village que c'était une sorte d'innocent,
de garçon sans esprit et je crois que l'on
n'avait point tort. Sa mère lui dit un jour:
«Voyons, Jean, as-tu donc juré de rester fils
(célibataire)? Chacun se moque de toi dans le
village; on dit que tu n'es pas comme un
autre, et bientôt aucune fille ne voudra de toi
pour se marier. Il faut songer sérieusement
à cela. — Je vais vous dire, maman, c'est que
je ne sais pas ce que c'est que se marier,
ni pourquoi on le fait. — Pourquoi? grand
innocent! Mais pour coucher avec une
femme; si tu savais comme c'est bon! —
Vraiment? Alors je me décide; je veux me
marier, mais tout de suite, dans huit jours
au plus tard. — Il te faut une p r é t e n d u e.
Tu es garçon meunier; je vais au moulin
trouver ton maître. Il a une jolie fille, je
la demanderai pour toi. — Oui, ma mère.»
La mère courut au moulin et expliqua au
meunier et à sa fille l'objet de sa visite. Le
prétendu fut agréé et le mariage célébré
quelques jours après. La première nuit des
noces Jean s'endormit pour ne se réveiller
que le lendemain matin et se lever aussitôt. Sa femme à peine habillée, courut
trouver sa mère et se mit à fondre en
larmes. «Eh bien! ma fille, qu'est-il arrivé?

— Il est arrivé que vous m'avez mariée à un homme qui n'est pas comme un autre. Cette nuit il ne m'a pas seulement touchée. A peine dans le lit, il s'endort comme une souche absolument comme s'il couchait avec un homme. — Attends, ma fille, je m'en vais le sermonner.» La vieille meunière alla au moulin et fit la leçon à son gendre. «Vous comprenez bien, Jean, que si je vous ai donné ma fille, c'est pour que vous l'amusiez la nuit. — L'amuser, mais comment? — Voyons, tout à l'heure, vous asseoirez votre femme sur le bord du lit, vous la déshabillerez et vous en ferez autant. Puis vous l'embrasserez, monterez et sauterez sur elle le plus de fois possible. Vous verrez comme vous serez heureux tous les deux.» A peine rentré, Jean fit ainsi qu'on venait de le lui dire, à la grande joie de sa femme qu'il coucha sur le lit. Puis courant à l'autre bout de la chambre et revenant il sauta sur sa femme, recula, sauta, embrassa, se livrant pendant deux heures à une gymnastique effrénée. «Voyons, Jean, es-tu fou? ne cessait de lui répéter sa femme. De grâce, cesse de te fatiguer et de m'éreinter. — Non, non, je ne cesserai pas encore. Je sais ce qu'il faut faire maintenant. Qu'importe, le mariage n'est pas ce qu'on m'avait dit !» Enfin, épuisé et n'en pouvant plus, il se coucha. Le lendemain, la belle-mère revint pour savoir comment la nuit s'était passée. La fille raconta les fatigues inutiles de la veille et se plaignit encore plus fort. «Cette fois, c'est de ta faute, dit la mère. Quand il sautait sur toi, si tu l'avais retenu et serré dans tes bras, les choses ne se seraient pas passées ainsi. Tu seras plus avisée ce soir quand Jean recommencera.» Le soir arrivé, Jean s'apprêta à recommencer les exercices de la veille. Mais sa femme l'arrêta, le retint dans ses bras et le serra contre elle. Le membre de Jean se leva, la femme le prit et le mit à l'endroit voulu. L'homme comprit aussitôt, et de suite, sans s'arrêter, il tira quatorze coups. Point n'est besoin de dire si sa femme était satisfaite! Le jour venu, elle se leva et s'en fut dire à sa mère le nombre merveilleux de foutages que son mari lui avait administrés. La bonne pièce de femme, bavarde comme toutes ses pareilles, n'eut rien de plus pressé que d'aller chez ses voisines porter l'étonnante nouvelle. De proche en proche, de village en village, tout le canton eut connaissance du fait, et Jean ne fut plus appelé que Jean

Quatorze-Coups. Le juge de paix du bourg voisin était déjà vieux et sa femme était toute jeune. Elle entendit parler des exploits de Jean et ne put s'empêcher de faire une comparaison, fâcheuse pour le juge, entre les quatorze coups du meunier et l'unique par semaine du vieux juge de paix. Aussi se promit-elle de faire connaissance de Jean Quatorze-Coups et de l'amener à coucher avec elle. Comme à cette époque riches et pauvres cuisaient leur pain, les meuniers ou chasse-manées allaient de maison en maison chercher le blé à moudre. Jean Quatorze-Coups, quelques mois après son mariage, entra chez le juge. «Y a-t-il du blé? cria-t-il. — Oui, entrez, répondit la femme qui était seule à la maison.» Jean Quatorze-Coups attacha ses mulets et entra. «Asseyez-vous, Jean, et buvez ce verre de vin.» Jean but plusieurs verres, causa de pluie, de beau temps, de récoltes. Puis la maligne femme du juge lui demanda pourquoi il s'appelait Jean Quatorze-Coups. «Je veux bien vous le dire, madame. Quand je me suis marié, je ne connaissais rien aux choses du mariage, et pendant les premières nuits je n'ai rien fait à ma femme. Ma belle-mère m'a renseigné et j'ai fait la chose quatorze fois sans m'arrêter. Les femmes, sauf votre respect, sont bavardes, et la chose s'est sue. Voilà d'où me vient mon nom. — Alors, ce n'est point une plaisanterie? — Pour cela, non, et vous pourrez le demander à ma femme. — Mais.... pourriez-vous recommencer... avec moi, par exemple? — Certainement! répondit le meunier qui voyait où la femme voulait en venir. Je vous parie six cents francs, que je ferai les quatorze coups sans m'arrêter. — Entendu. Mon mari est absent; couchons-nous.» Jean Quatorze-Coups et la femme du juge de paix se couchèrent et le jeune marié se mit à la besogne. «Un! compta la femme .... Deux!.. Trois!.. Quatre!.. Cinq!.. Six!.. Douze!.. Treize!.. plus qu'un seul!» Le dernier était en train quand la porte de la rue s'ouvrit et la clochette sonna. «Dieu! le juge! s'écria la femme en sautant en bas du lit.» Le meunier s'habilla à la hâte, sa compagne en fit autant; le lit fut remis en place et le vieux juge entra sans s'apercevoir de rien. Le meunier prit un sac de blé et l'emporta au moulin. Le lendemain il revint chez la femme. «Et mes six cents francs? — Vous n'avez rien gagné, puisque le quatorzième n'a pas été

achevé. — Nous plaiderons s'il en est ainsi.»
Jean Quatorze-Coups fit citer la femme
devant le juge de paix. «Qu'avez-vous,
plaignant? demanda l'homme de loi. — Voici,
monsieur le juge. J'ai parié avec votre
femme d'abattre quatorze noix à votre noyer
d'un seul coup de gaule. J'ai abattu les
quatorze noix mais parmi elles, il s'en trouvait une qui n'était pas bonne et votre femme
refuse de me payer les six cents francs de
la gageure. Comme je n'avais pas garanti
les noix pour la qualité mais pour la quantité, je pense avoir gagné. — Est-ce vrai,
cela? demanda le juge à sa femme. — Oui,
c'est vrai. — Alors, je te condamne à payer
six cents francs au plaignant; les frais et
charges de l'affaire étant en plus à tes dé-
pens!»

XXIII

LE PARI DU DOMESTIQUE

UN CERTAIN domestique courtisait la fermière et la pressait depuis longtemps de se donner à lui. «Écoute, lui dit un jour celle-ci. Voici ce que je te propose. Mon mari est absent. Nous allons nous mettre tout nus et nous coucher ensemble. Si tu restes une heure sans que ton membre se redresse, tu gagneras cent écus et tu feras avec moi tout ce qu'il te plaira dans la suite. Acceptes-tu? — Entendu, entendu!» Le domestique sortit pour un instant et s'attacha entre les jambes la pinne avec un petit cordon. Puis il revint se coucher avec la fermière. Celle-ci aussitôt se mit à le caresser tant et si bien que le lacet se cassa et que la pinne se redressa plus vigoureuse que jamais. «Tu as perdu! dit la fermière. — J'ai gagné au contraire. Vous me devez cent écus. — Nous plaiderons alors.» On alla devant le juge et là le domestique dit: «J'ai parié avec ma patronne d'attacher un jeune poulain à un piquet. Le licou a cassé parce qu'il n'était pas solide. Mais j'ai at-

taché le poulain. — Est-ce vrai, madame?
— C'est vrai, monsieur le juge. — Alors,
vous avez perdu. Payez votre domestique!»

XXIV

LES FILLES A CONFESSE

NE JEUNE FILLE s'en vint à l'église pour
se confesser. Elle se mit à genoux
sur le petit banc du confessionnal et commença sa confession. «Mon père, dit-elle,
j'ai beaucoup péché. Je mens fort souvent;
je n'assiste pas toujours aux offices.....»
Et la jeune fille continua ainsi réservant pour
la fin un autre péché bien plus grand et
qu'elle n'osait avouer à son confesseur. Enfin, il fallut y venir. «Mon père, l'autre soir
j'ai rencontré mon amoureux au coin de la
grande place: nous avons bavardé longtemps; il m'a pris la main et l'a mise dans
son pantalon. J'ai senti sa pinne je me suis
jouée avec. — Ma fille, votre main est im-
pure. En sortant de vous confesser vous la
plongerez dans le bénitier pendant deux

heures.» La jeune fille toute confuse alla au bénitier et y plongea sa main. Une de ses amies vint à passer pour aller se confesser. «Que fais-tu la main dans l'eau bénite? — Ne m'en parle pas; c'est la pénitence que m'a imposée monsieur le curé parceque mon amoureux m'a mis la pinne dans ma main? — Jour de Dieu! Et moi donc? Quelle pénitence vais-je avoir, puisque mon amoureux m'a mis la sienne dans mon cul?»

XXV

LE VOYAGEUR EMBOURBÉ

UN VOYAGEUR revenait un soir de la ville. La voiture était lourdement chargée; aussi dans un chemin creux, elle s'embourba tellement que l'homme eut beau encourager, crier, frapper, faire tous ses efforts, il ne put sortir du mauvais pas où il se trouvait. Voyant une ferme à côté, le voyageur prit parti de laisser là sa voiture et d'aller demander l'hospitalité dans cette maison. On le reçut fort bien et, comme on allait souper, on le fit mettre à table. La femme était fort jolie et notre voyageur eut bientôt perdu sa mauvaise humeur en causant avec la paysanne. La femme étant descendue à la cave pour y chercher du cidre, le mari la suivit. «Ce voyageur a l'air comme il faut, nous ne pouvons pas le mettre coucher dans la grange. — J'y pensais et je n'osais pas t'en parler. — Nous n'avons qu'un lit, c'est vrai, mais il est assez large pour nous trois. Nous le mettrons coucher avec nous. — Bonne idée, François; tu as bon cœur!» Le souper achevé, l'homme invita le voyageur à se coucher avec eux, et bien entendu ce dernier accepta. On se coucha et le mari s'endormit dans un coin du lit. L'étranger sentant contre son corps celui de la jeune femme n'y put bientôt plus tenir. Il passa la main sous les jambes de la femme, et la chatouilla au bon endroit. Puis il prit sa pinne et commença à travailler ferme. Alors, criant comme s'il rêvait, il se mit à dire! «Oh! Dia! Hiu! Ohi! Ohi!» Le mari se réveilla. «Entends-tu, femme, notre voyageur. Le pauvre homme se croit encore embourbé et il excite ses chevaux. — Oh oui! il se croit embourbé et il a raison; le trou dans lequel il est arrêté est si profond qu'il n'en sortira pas sans décharger!» Et le mari se rendormit tandis que le voyageur bourrait la femme.

VARIANTE: Le voyageur est un Anglais qui ne comprend pas le français. On se couche, la femme au milieu. L'Anglais bourre la femme par derrière. Le mari se reveille et s'en aperçoit. «Je crois qu'il te baise! dit-il. — Moi aussi, je le pense. — Dis-lui donc de cesser. — Dis-lui toi! Tu sais bien qu'il ne comprend pas le français. Ce n'est pas la peine de le lui dire.» Le mari convaincu se rendort et l'étranger et la femme continuent leur manège.

XXVI

LE CURÉ ET LE SACRISTAIN

LE CURÉ et le sacristain courtisaient tous deux la même fille. Profitant de ce que les parents étaient aux champs, le sacristain s'en alla voir sa prétendue. Au moment où il arrivait à la maison de celle-ci, il aperçut le curé qui entrait. Le sacristain resta aux écoutes près de la porte et il entendit le curé qui demandait à la jeune fille d'aller avec lui dans la grange. Vite le

sacristain y courut et se cacha sous quelques
bottes de paille. Un instant après le curé
y entrait avec la fille, la jetait sur le tas de
gerbes et la baisait. Quand ce fut fini, la
fille dit: «Mais, monsieur le curé, si jamais
il arrivait que vous m'ayez fait un enfant,
que ferais-je? — Une chose bien simple, tu
le mettrais sur le dos du sacristain. Tout
le monde le croirait!» Mais le sacristain
se relevant et sortant de sa cachette: «Vraiment, monsieur le curé, il ne manquerait
plus que cela! M'avoir fait l'enfant sur le
ventre et vouloir me le mettre sur le dos!»

TABLE

DES

CONTES PICARDS.

———

SCHWEDISCHE
SCHWÄNKE UND ABERGLAUBEN

AUS

NORLAND.

— — —

I

DIE DREI WIRTHSTÖCHTER

E s war einmal eine Wittwe mit einem Sohn, der durchaus nicht arbeiten wollte. Er kümmerte sich um nichts und nährte sich bloss von Bettelei. Während er sich nun einmal auf dem Lande umhertrieb, kam er zu einem Gastwirth, bei dem er auch wirklich in Dienst trat und so viel arbeitete, dass er ein Pfund Mehl als

Lohn bekam. Dass er so viel bekam, war allerdings ein grosses Wunder. Als er nun seinen Lohn erhalten hatte, sagte der Wirth zu ihm: «Mach dich jetzt nach Hause, damit deine Mutter auch etwas davon hat.» So begab er sich denn auch auf den Weg, aber es ging verdammt langsam; doch langte er endlich bei der Mutter an, die über das Mehl sehr froh war und sich alsbald daran machte, einen Brei zu kochen. Ja, aber es war kein Wasser zu Hause und sie selbst war alt und gebrechlich und konnte nicht nach dem Fluss gehen, um welches zu holen, so dass sie den Sohn bat, er möchte doch nach einem Eimer Wasser gehen. Zwar meinte er, das wäre unmöglich; er könne nicht gehen, da er so fleissig gearbeitet hätte; aber am Ende musste er doch an den Fluss und Wasser holen. Als er nun dorthin kam und den Eimer ins Wasser tauchte, so zog er in demselben einen Hecht heraus, der aber heftig schrie und fort wollte: «Nein, dachte der Bursche; es wäre doch gar zu hübsch, wenn wir zu dem Mehlbrei etwas zum Zuessen hätten;» und deshalb wollte er den Hecht nicht wieder ins Wasser lassen. Dieser hörte jedoch nicht auf zu bitten und versprach endlich, dass wenn er freigelassen würde und wieder in den Fluss käme, so solle der Junge drei Wünsche[1] frei haben, die sämmtlich in Erfüllung gehen würden. Da konnte letzterer nicht länger widerstehen, ging auf das Anerbieten ein und that folgende drei Wünsche. Erstens sollte er soviel Geld bekommen, dass er zu Hause die Banknoten packetweise vorfände; zweitens sollte er bei den drei Töchtern des Gastwirths schlafen dürfen; und drittens sollte die Maus einer jeden mit Sprache begabt sein.[2]

Der Hecht versprach, dass alles dies geschehen würde, und wirklich auch fand der Bursche zu Hause überall grosse Packete Bankanweisungen, mit denen er sich die Taschen vollstropfte und nach dem Wirthshause begab, woselbst er ein Fässchen Branntwein verlangte. Als der Wirth dies hörte, fuhr er auf und fragte, womit er denn den Branntwein bezahlen wolle, er, der ein so armer Teufel wäre. Der Bursche wurde über diese Frage wie toll und warf ein grosses Packet Papiergeld auf den Tisch, so dass nun die Reihe der Beschämung an den Wirth kam und er gern wissen wollte, wie jener zu so viel Geld gekommen wäre. Dieser aller wollte es ihm nicht auf die Nase binden, sondern sagte bloss, dass er zu Hause noch mehr hätte, und bekam in Folge dessen so viel Branntwein zu trinken, wie er nur irgend wollte. Der Wirth setzte sich dann zu dem mit Geld gespickten Gaste und trank mit demselben, bis es Abend wurde und als dieser zur Bettzeit meinte, er möchte wo mit einer von des Wirthes Töchtern zusammenschlafen, hatte Letzterer auch nichts dagegen, vielmehr geschah was der Gast wünschte, und er schlief bei einer von den Mädchen.

Als es Morgen wurde, wollte der Wirth wissen, wie das Mädchen sich bei Nacht erwiesen, worauf der Gast erwiderte, sie hätte sich zwar ganz wacker benommen, doch möchte er wol auch die zweite Schwester probiren. Darauf wollte der Vater sich nicht einlassen, hatte jedoch nichts dagegen mit seinem Gaste bis zum Abend zu trinken. Da endlich bewilligte er dessen Begehren und jener durfte sich mit dem zweiten Mädchen zu Bette begeben, worauf der Wirth am folgenden Morgen wiederum wissen wollte, wie es dem Gaste ergangen wäre und dieselbe Antwort erhielt, wie am vorigen Tage, mit dem Zusatze, dass der Bursche nun auch mit der dritten Tochter die Nacht zubringen wollte. Obwol nun dieser Antrag mit grosser Bestimmtheit abgeschlagen wurde, ging es doch schliesslich wie die beiden ersten Male; der Wirth trank mit dem Gast bis zum Abend, und dieser durfte das dritte Mädchen zu Bette begleiten. Am nächsten Morgen fragte denn auch der Wirth seinen Gast, wie es ihm überhaupt mit den Mädchen ergangen wäre. «Ja, erwiderte dieser, sie haben sich ganz brav benommen, aber sie liessen sich doch 'knüllen'.» Da wurde der Wirth ganz aufgebracht über die Aeusserung des Burschen und forderte ihn darüber vor Gericht, wo der Richter den Beklagten fragte, ob er beweisen könne, was er gesagt. Ja, das könne er, antwortete der Bursche, und das älteste Mädchen wurde hereingerufen. Dieser schlug der Beklagten auf die Maus und fragte: «Wieviel mal hast du dich knüllen lassen?» — «Dreimal!» antwortete der befragte Theil. Darauf wurde das zweite Mädchen herein gerufen und die Antwort lautete: «Zweimal.» Als nun das älteste Mädchen hinaus ging, sagte sie zu der jüngsten, sie solle in ihre Maus einen kleinen Strohhalm stecken. Diese that also, und als sie hereingerufen wurde, liess ihre Maus kein Wort vernehmen, so dass der Richter zu dem Beklagten sagte, mit seiner

Sache stünde es schlecht. «O, erwiderte jener, noch lange nicht,» und als der Richter das Mädchen hinausgehen liess, gab ihr der Bursche, wie sie an die Thüre kam, einen so derben Fusstritt vor den Hintern mit den Worten: «Wie oft hast du dich knüllen lassen?», dass der Strohhalm zu Boden fiel und die Maus mit lauter Stimme antwortete: «Einmal und da war ich nicht bei Sinnen.» Der Richter hörte nun, dass der Beklagte die Wahrheit geredet und sprach ihn frei.

II

«BOLLSASSA,* DRAUF LOS!»

Es war einmal ein Mädchen, die viele Freier hatte, aber keinen davon zu ihrem Bräutigam erwählen wollte und zwar deswegen, weil sie sehr liebesüchtig war und es für am besten hielt, von je mehr Liebhabern sie geknüllt wurde. Dies ahnte einer derselben und beschloss sich an ihr zu rächen,

* Bollsassa ist ein unbekanntes Wort.

und zwar hatte er sagen hören, dass wenn man einen Mann und eine Frau bei der Liebesarbeit sähe und dabei sagte: «Boll-sassa, drauf los!» so sollten sie nicht aufhören können, ehe derselbe Zuschauer sagte: «Komm just ins Horn!»* Dies wollte er nun an dem Mädchen versuchen.

Er schlich sich daher eines Abends in ihre Stube und kroch unter das Bett, so dass, als das Mädchen kam, sie ihn nicht merkte. Bald nachher kam einer von den Freiern und legte sich zu ihr: sie hatten aber nicht lange gelegen, so veranlasste das Mädchen ihren Liebhaber, das Liebesspiel zu beginnen, weshalb der unter dem Bett es für Zeit hielt zu sagen: «Bollsassa, drauf los!» in Folge wovon die im Bett Befindlichen ihre Arbeit ununterbrochen fortsetzten. Als jener jedoch zuletzt merkte, dass Letzteren beinahe das Leben ausging, sagte er: «Komm just ins Horn!» und da hörten sie auf, worauf sie sich endlich erholten. Das Mädchen aber wollte von Stund an niemals mehr als einen Freier haben.

---

* Kom pass i hornet; gleichfalls unverständliche Worte.

III

DER WÄCHTER *

Ein Student war einmal unterwegs und viaticierte,** wobei er zu einem Bauernhofe kam, der sehr unreinlich und unbehaglich aussah. Die Bäuerin sass am Heerde und krämpelte Werg, während die Kinder in der Stube umher lärmten und wirthschafteten. Ein Junge, Namens Pelle, stand am Fenster und sah wie der Student auf den Hof zukam, so dass er der Mutter zurief: «Mämme, da kommt ein Mann!» Nun war es aber so, dass die Kinder sich auf dem Tische ausgemacht hatten und die Excremente auf demselben in einem Haufen zusammenlagen; daneben aber stand eine Schüssel. Damit nun nicht die Bescheerung gesehen würde, sagte die Bäuerin: «Pelle, decke die Schüssel über den Haufen,» und

* Gramus merdae; vgl. Ztschrft. f. Ethnol. Berlin. 1874. S. 75.
** V i a t i c u m heisst die freiwillige Unterstützung, welche Studierende auf der Reise von Hof zu Hof einsammeln, wenn sie sich zum ersten Mal nach der Akademie begeben. Man nennt dies v i a t i c i e r e n.

der Junge that also. Die Kinder aber hatten auch auf andere Stellen in der Stube ihre Nothdurft verrichtet, und als der Student über die Schwelle schritt, trat er gerade mitten in einen solchen Haufen. Ueberrascht blieb der Student stehen, sah sich seine Stiefel an und sagte: «Meiner Treue, so etwas habe ich doch noch nimmer gesehen!» Pelle, der auf dem Tische sass, hörte dies und hob die Schüssel von dem Haufen, wobei er ausrief: «Ja, hier sollt Ihr wol so etwas zu sehen bekommen!»

IV

DIE ZWEI STUDENTEN AUF DER REISE

Es waren einmal zwei Studenten auf der Reise, und als es eines Tages spät wurde, mussten sie ein Nachtquartier suchen, konnten aber nirgend welches finden; denn sie wurden überall abgewiesen. Da nun nichts anders zu thun war, sahen sie sich gezwungen, List anzuwenden. So gingen sie denn in den letzten Bauernhof, der noch

übrig war, hinein, uud da sie wieder den
Bescheid erhielten, dass kein Platz für sie
vorhanden wäre, so äusserten sie, dass wenn
man nur wüsste, was für Leute sie wären,
würde man ihnen sicherlich ein Nachtlager
nicht abschlagen. «Nun, meinte der Bauer,
was seid ihr denn für Leute?» — «Ja, hiess
es, wir sind Propheten, und sind aus, den
Menschen zu verkünden, welch grosse Dinge
heute Nacht geschehen sollen.» Als der
Bauer dies hörte, so änderte er bald den
Ton und nahm sie in sein Haus auf, worauf
er von den Studenten erfuhr, dass in der
Nacht eine grosse Sündflut kommen würde,
so dass sie ihre Wirtsleute aufforderten,
sich vor aller Gefahr wol zu hüten. Diese
zeigten sich sehr dankbar und trafen alle
Anstalt, um in der Wassernot nicht zu er-
trinken; sie machten den Backtrog unter dem
Dache fest und legten sich hinein schlafen.
Die Studenten bekamen ihre Schlafstelle in
der Kammer angewiesen, und damit die
Haustochter gegen alle Gefahr gesichert wäre,
wurde sie zu ihnen hineingelegt.

Da geschah es nun, dass der Liebste des
Mädchens bei Nacht ans Fenster klopfte und
zu ihr hineinwollte, dass aber einer von den
Studenten statt ihrer antwortete, sie wäre

so krank, dass sie alle Augenblick fürchtete,
ihr ginge die Seele aus. «Ja, erwiderte der
Liebste, bist du so krank, so lass mich doch
wenigstens dich noch einmal küssen, ehe
du stirbst». — «Ja, das soll geschehen,» lautete
die Antwort und der Student schlich sich
ans Fenster. Es war aber eine ganz finstere
Nacht und der Himmel mit dunkeln Wolken
bedeckt, so dass man keine Hand vor den
Augen sehen konnte. Der Student steckte
daher den Hintern zum Fenster hinaus, und
der Liebste des Mädchens zögerte nicht
denselben zu küssen.[3] «Du hast ein ge-
schwollenes Gesicht, und riechst auch stark
aus dem Munde,» meinte der Bursche, der
in Folge davon von Mitleid ergriffen wurde
und fragte, ob das Mädchen etwas zu sich
nehmen wolle; er würde dann nach Hause
gehen und etwas Gutes holen. Nun hatte
der Student im Laufe des Tages nicht son-
derlich viel in den Magen bekommen und
antwortete daher, das solle der Liebste nur
immerhin thun; was denn auch geschah.
Er brachte von Hause einen ganzen Eimer
voll Speise ans Fenster und reichte diesen
hinein, welchen auch der Student bereit-
willig entgegennahm und nach einiger Zeit
wieder zurückgab; doch war er da fast

ebenso schwer wie vorher. «Ja, dachte der
Liebste, es muss mit ihr wirklich sehr übel
bestellt sein, da sie so wenig isst,» und ging
dann ganz traurig nach Hause. Dort an-
gelangt, wollte er seiner Mutter zeigen, wie
wenig sein Schatz gegessen hätte; aber als
sie in den Eimer guckten, sahen sie nichts
anderes, als was der Student durch die hin-
tere Oeffnung von sich gegeben hatte. Da
wurde Mutter und Sohn höchst erbittert,
und der letzte beschloss sich zu rächen. Er
steckte das Schüreisen ins Feuer, machte
es glühroth und begab sich zur Liebsten,
die er von ganzem Herzen bat, sich vor
ihrem Tode doch noch einmal von ihm
küssen zu lassen; und wirklich auch schleppte
sich der Student unter Jammern und Klagen
ins Fenster, wo er, wie er früher gethan,
den Hintern hinaussteckte. Aber statt denselben zu küssen, stiess der Bursche das
glühende Schüreisen dem Studenten in den
After, so dass er auf das heftigste schrie:
«Wasser, Wasser!»

Der Bauer und seine Frau, welche unter
dem Dache lagen, hörten das Geschrei; sie
glaubten, dass nun die Flut käme, und schnit-
ten die Stricke durch, woran der Trog hing,

worauf dieser, sowie sie selbst auf den Fussboden fielen und fast das Genick brachen.

V

WER EINFACH GIEBT, DEM SOLL ZEHN-FACH VERGOLTEN WERDEN [4]

Es war einmal ein Landpfarrer, der
über den Text predigte, dass dem, der
einfach gäbe, zehnfach vergolten werden
solle, und über diese Worte grübelte der
Küster so lange nach, bis er endlich zu dem
Schlusse kam, wenn er dem Pfarrer seine
Kuh gäbe, so bekäme er dafür zehn andere
wieder. Er nahm daher seine Kuh und
brachte sie dem Pfarrer mit der Bitte mit
derselben vorlieb zu nehmen; er gäbe was
er könne. Der Pfarrer war sehr froh über
das hübsche Thier, nahm es gern und dankte
dafür bestens; doch bat der Küster um eine
Kleinigkeit. «Meine Kuh ist gewöhnt eine
Glocke zu tragen, sagte er; wird ihr nun
diese genommen, so wird sie sicherlich ver-
kommen;» er bitte daher schönstens, dass

sie vor wie nach die Glocke trüge und des
Pfarrers Leitkuh würde. Der Letztere hatte
nichts dagegen und hiess deshalb seine
Magd, des Küsters Kuh die Glocke umzu-
hängen. Dies geschah, und die andern Kühe
folgten derselben zur Weide. Als es nun
am ersten Tage Abend wurde, fing das Vieh
an heimwärts zu gehen, und nach alter Ge-
wohnheit ging die Leitkuh nach ihrem frühe-
ren Stalle, wobei die andern Kühe ihr folgten,
und auch der Küster nichts dagegen hatte,
vielmehr glaubte, dass alles so in der Ordnung wäre.

Da also die Leute des Pfarrers ihr Vieh
nicht nach Hause kommen sahen, mussten
sie hinaus, um es zu suchen, wobei sie er-
fuhren, dass es im Stalle des Küsters wäre,
und dies berichteten sie alsbald ihrem Herrn.
Dieser liess sogleich den Küster holen, um
ihn zu befragen, wie er zu seinen (des
Pfarrers) Kühen gekommen wäre; und nach
einiger Zeit erschien jener gut gelaunt wie
gewöhnlich, denn obgleich der Pfarrer sehr
böse war, wollte ér es doch nicht sein. «Wie
kommt es denn, dass ihr alle meine Kühe
an euch gebracht habt?» fragte der Pfarrer.
«Ja, schauen's, antwortete der andere, der
Herr Pastor sagte ja vorigen Sonntag, dass

wer einfach gebe, der solle zehnfach wieder-
bekommen, und da ich dem Herrn Pastor
meine einzige Kuh gegeben habe, so ist es
wol recht, dass mir dafür seine zehn Kühe
zu Theil geworden sind.» Zwar wollte der
Pfarrer auf diese Rede nicht eingehen, aber
der Küster liess nicht davon ab und bestand
darauf, die Kühe wären sein. Endlich kamen
sie überein, dass derjenige von ihnen, der
dem andern zuerst einen guten Morgen böte,
der solle alle Kühe bekommen; und dabei
blieb es.

Als es nun am Sonnabend Abend dunkel
wurde, begab sich der Küster nach der Hof-
stätte des Pfarrers und kletterte auf eine
hohe Eberesche, die auf dem Hofe stand
und blieb da sitzen, bis es zu tagen anfing.
Da kam bei Nacht der Pfarrer aus dem
Hause und ging zu einer von den Mägden,
die in der Scheune schlief; er blieb bei ihr
eine Zeit lang und kam dann mit ihr heraus
auf die Scheunenbrücke,* weil sie ihr Wasser
lassen wollten. Als dies geschehen war,
griff er ihr unter die Röcke ans Gemächt
und fragte: «Was ist das für ein Ding?» —
«Aegypten», antwortete sie und fragte zu-

---

* S. *Κρυπτ.* Bd. 1, S. 332. No. 16.

gleich, indem sie ihm in die Hosen fasste:
«Was ist das für ein Ding?» — «Moses», versetzte er, und lasse Moses durch Aegypten
ziehen!» Sie hatte dagegen nichts einzu-
wenden, und so gingen sie beide wieder
hinein. Nachdem der Pfarrer ziemlich lange
in der Scheune geblieben war, begab er sich
in sein Wohnhaus und erschien bald darauf
in seinem Sonntagsornat mit ganz ernst-
hafter Miene. Indem er alsdann an der Eberesche vorüberging, rief der Küster: «Guten
Morgen, guten Morgen, Herr Pastor!» —
Ueberrascht sah dieser empor in den Baum
und erblickte den Küster, worauf er ihn
fragte: «Wie lange habt ihr da gesessen? —
«Seitdem Moses durch Aegypten zog,» lautete
die Antwort, worauf der Pastor sagte: «Still,
still, die Kühe gehören euch.»

Variante 1.

In dieser Wendung treffen der Pfarrer
und der Küster zur Schlichtung ihres Zwistes
dasselbe Uebereinkommen wie das im Haupt-
texte mitgetheilte, wobei jedoch der Küster
sich Abends in des Pfarrers Stube schleicht,
unter sein Bett kriecht, und sich dort ver-

steckt hält. Und so geschieht es denn, dass, sobald der Pfarrer zu Bett gegangen ist, gleich darauf seine Haushälterin nachkommt und sich zu ihm legt. Es dauert nicht lange so fängt der Pfarrer an, das Mädchen zu betasten und nach dem Namen jedes einzelnen Körpertheils zu fragen. Die Brüste nannte sie «die himmlischen Glocken», den Magen «den Berg Tabor» und . ihre Heimlichkeit «Josuae Grab», worauf der Pfarrer bemerkte: «dann muss ich dorthin meinen Stab pflanzen!» Dies alles und noch mehr hörte der Küster, jedoch ohne sich zu rühren, bis es Morgen wurde und der Pfarrer aufstand, um dem Küster Guten Morgen zu wünschen. Demnächst kroch auch der Küster unter dem Bette hervor und begab sich zur Kirche, so dass, als der Pfarrer dorthin kam, er den Küster singen hörte: «Ich vernahm das Läuten mit den himmlischen Glocken» und mehres andere noch, dessen aber der Erzähler sich nicht mehr erinnert. Der Schluss hierauf wie in der Haupterzählung.

Variante II.

Hier wird erzählt, dass, als der Pfarrer
und die Magd auf die Scheunenbrücke
hinaustraten, um ihr Wasser zu lassen, der
Pfarrer die Magd fragte: «Wie heisst das,
womit du pissest?» — «Aegypten», antwortet
sie und fragte dann: «Wie heisst das, womit
du pissest?» — «Moses», antwortete er, und
da Moses so nahe ist, so lass ihn einziehen
in das Land Aegypten u. s. w. u. s. w.»

Variante III.

Als Fortsetzung dieses Schwankes wird
zuweilen auch noch hinzugefügt:

Da der Pfarrer nun, wie vorbemerkt,
seine Kühe verloren hatte, blieb ihm blos
noch ein Mastschwein übrig, dessen er aber
gleichfalls verlustig ging, weil der Küster es
ihm stal und es schlachtete. Der Pfarrer
merkte, dass der Küster, der sonst wenig
zu beissen und zu brocken hatte, einen guten
Vorrath von Speck besass, und roch alsbald
Lunte. Er fragte daher eines Tags des
Küsters Jungen, woher denn bei ihnen der
viele Speck käme. «Ja, antwortete dieser,

Vater hat das Schwein von Pfarrers geholt und hat's geschlachtet. Das hat gewiss viel Speck abgegeben.» — «Kinder sprechen immer die Wahrheit,» dachte der Pfarrer und wollte an dem Küster eine besondere Rache üben wegen des begangenen Diebstahls. Am nächsten Sonntag also hiess er Küsters Jungen auf die Kanzel steigen und der Gemeinde ausführlich erzählen, wie es mit dem Mastschwein zugegangen wäre, so dass alle hören sollten, was für einen prächtigen Küster sie besässen. Aber es ging anders, als der Pfarrer dachte; der Junge sagte kein Wort von des Pfarrers Schwein, sondern zog blos über ersteren her. «Wenn Vater von Hause ist, sagte er unter anderm, pflegt der Pfarrer zu uns zu kommen und bei Mutter zu schlafen.» Der Pfarrer gerieth darüber ganz ausser sich und schmiss den armen Jungen von der Kanzel herab, so dass er sich den Schädel spaltete, der Pfarrer aber davon laufen musste; und so endete die Geschichte.

VI

DIE BISCHOFSVISITATION

Es hatte einmal eine Gemeinde einen gar kläglichen Pfarrer, mit dem es aber am allerschlimmsten ging, wenn er predigen sollte, so dass die Leute sich endlich keinen anderen Rath wussten, als dass sie sich an den Bischof wandten und ihn um Abhilfe baten. Dieser versprach ihnen auch wirklich, dass er selbst zu ihnen kommen und nachsehen würde, wie es mit dem Pfarrer stünde. Und so langte er denn auch in der That eines Sonnabends in dem Pfarrhof an, fand jedoch den Priester schwer erkrankt, so dass er dalag, als wäre er mausetodt. Der Bischof war allerdings sehr erschrocken und wollte zusehen, ob sich in dem Pfarrer noch etwas Leben regte oder er wirklich das Zeitliche gesegnet hätte. So zündete er ihm den Bart an, vermeinend, dass er sich wol rühren würde, wenn sich in ihm noch eine lebendige Ader fände. Aber umsonst; er lag bewegungslos. Da versuchte es der Bischof auf andere Weise und tropfte ihm heissen Talg auf die Brust; jedoch auch

dies blieb ohne Erfolg. Endlich gab ihm
der Bischof einen tiefen Schnitt in die grosse
Zehe; allein auch das war vergeblich, und
sah dann der Bischof, dass es mit dem
Priester vorbei war.

Während nun der Bischof so mit dem
Priester diese verschiedenen Experimente
machte, brach der Abend herein und er
musste die Nacht im Pfarrhause zubringen,
da ihm natürlich oblag, am nächsten Tage
für den verstorbenen Pfarrer zu predigen;
wobei aber der Umstand eintrat, dass er in
der Frau Pastorin eine gar junge und schöne
Person fand. Da nun ihr Mann tot war,
so machte sich der Bischof viel mit ihr zu
schaffen, und es kam am Ende so weit, dass
sie mit einander zu Bett gingen, und der
Bischof benahm sich ganz wie andere Menschen; er betastete sie von allen Seiten und
griff ihr an die Brüste, wobei er sie fragte,
wie man die hiesse: «Jesaiae Glocken!» antwortete sie. Dann griff er ihr an den Bauch
und fragte, wie man d e n hiesse. «Berg
Tabor!» versetzte sie. Hierauf fasste er ihr
an eine andere Stelle, die ich nicht nennen
mag, und fragte, wie man d i e hiesse. «Mose
Grab!» erwiderte sie und dabei blieb es
dann. Die muthmassliche Wittwe war wol

anfänglich ziemlich verschämt, aber am Ende fing sie doch an zu fragen, nahm des Bischofs Quoniam in die Hand und fragte, wie man den hiesse: «Papst», antwortete jener, indem er hinzufügte; «Lasse den Papst in Mose Grab ruhn!» und so geschah es auch. Der Papst ruhte die ganze Nacht in Mose Grab und wachte nicht eher auf, als bis am Sonntag Morgen die Sonne hoch am Himmel stand und die Glocke bereits die Gemeinde zusammenrief. Da sprang der Bischof in höchster Eile aus dem Bette, warf rasch den Ornat über und eilte in die Kirche, wo er zu seiner grössten Ueberraschung den Gemeindepfarrer vor dem Altar stehen fand und hörte wie er sang: «Gestern kam ein Priester zu mir, der mir den Bart verbrannte, der mir heissen Talg auf die Brust tropfte und mir in die grosse Zehe einen tiefen Schnitt gab.» Der Küster, mit dem der Pfarrer sich verabredet hatte, fragte ihn hierauf singend: «Und wann geschah das?» worauf der Pfarrer fortfuhr: «Als er Jesaiae Glocken läutete, über den Berg Tabor zog und dann den Papst in Mose Grab ruhen liess.»

Der Bischof hörte natürlich diesem Gesang still und andächtig zu, und als dann die Predigt geschlossen war, sagte er zu der Gemeinde, dass sie einen wackeren Pfarrer hätten und einen besseren könnten sie nimmer bekommen; worauf er seinen Abzug nahm.

VII

DER PFARRER, DER NIEMALS GESEHEN HATTE[5]

Es war einmal zur Weihnachtszeit, und auf dem Pfarrhofe war man damit beschäftigt, das Weihnachtsbier zu brauen. Eines Abends aber schlich sich der Käthner des Pfarrers nach der Braustube, um etwas Würze zu stehlen, welche dort in einem Bottich stand. Kaum aber war er in der Stube, so hörte er Leute, die hinter ihm her kamen, so dass er voll Schrecken zu den Stubenbalken[6] emporkletterte, um sich dort zwischen denselben zu verstecken. Kaum sass er fest, so kam der Pfarrer mit der Frau herein, um das Bier zu kosten und zuzusehen, ob es genug gegohren habe; es war schon dunkel und sie hatten eine La-

terne mit sich. Als sie nun ihre Absicht
ausgeführt und wieder gehen wollten, sagte
der Pfarrer zu seiner Frau: «Oft habe ich
gegriffen, aber niemals gesehen,» worauf
letztere meinte, wenn es weiter nichts wäre,
was ihm fehle, so wäre es ja nur eine Kleinigkeit, und zugleich hob sie sich die Röcke
auf und liess ihn sehen. Der Käthner aber,
der sich auf dem Balken ganz stille ver-
halten hatte, war gleichfalls der Meinung,
dass es ganz ergötzlich sein müsse, der Frau
Pastorin einmal unter die Röcke zu gucken,
und streckte sich vor, so weit er konnte,
bewirkte aber nichts weiter, als dass er, Par-
dauz! in den Braubottich stürzte. Erschrack
der Käthner, so erschrack der Pfarrer und
seine Frau tausendmal mehr, und über Hals
und Kopf eilten sie aus der Stube, als wäre
der leibhaftige Gottseibeiuns hinter ihnen her.

Den Tag nachher kam der Käthner auf
den Pfarrhof, um seine Arbeit zu verrichten,
und die Frau hiess ihn das Bier in die Ställe
zu bringen und dem Vieh zu geben, was
der Käthner durchaus nicht zu begreifen
vermochte, wie er sagte. «Ja, meinte jene,
es ist etwas in das Bier gefallen, so dass
wir es unmöglich gebrauchen können. Wolle
er es haben, so könne er es herzlich gern

bekommen.» — «I freilich, lautete die Antwort, das will ich bestimmt,» und so trug
er das Bier zu sich nach Hause, und es war
ein ganz vorzügliches Getränk.

VIII

DIE FIDELE MAUS [7]

Es war einmal ein Pfarrer, der hatte
eine Frau, Namens Maus, und einen
Knecht, Namens Pint. An einem Sonntag
Morgen schickte der Pfarrer seinen Knecht
zum Schlächter, um Fleisch für Mittag zu
holen; der Schlächter aber hiess David.
Der Knecht that zwar wie ihm geheissen
war, kam aber ohne Fleisch zurück; denn
der Schlächter wollte erst für das bezahlt
sein, was er bisher auf Credit gegeben hatte.
Als der Knecht nun nach Hause kam, war
der Pfarrer bereits mit seiner Frau nach
der Kirche fort, wohin auch der Knecht sich
begab, weil er ihm doch berichten musste,
wie es ihm gegangen war. Der Pfarrer stand
bereits auf der Kanzel und predigte und

13*

donnerte los gegen alle Sünde. Just wie
der Knecht in die Kirchenthür trat, rief der
Prediger mit lauter Stimme der Gemeinde
zu: «Was sagte David?» Der Knecht glaubte,
dass die Frage ihm gelte, und ehe Jener in
seiner Rede fortfahren konnte, unterbrach
ihn der Knecht mit den Worten: «Er sagte,
dass der Herr Pfarrer kein Fleisch mehr bekommen solle, ehe er die alte Schuld bezahlt
habe.» Der Pfarrer gerieth bei diesen Worten
ganz ausser sich und schrie aus allen Kräften:
«Wer den Pint 'rausbringt, bekommt einen
Scheffel Roggen!» Nun herrschte zu der Zeit
eine grosse Theuerung im Lande, und es war
nicht leicht einen Scheffel Roggen zu ver-
dienen; deshalb dachten die männlichen
Mitglieder der Gemeinde nicht lange über
die Sache nach, sondern erhoben sich von
ihren Plätzen, knöpften die Hosen auf und
nahmen den Pint heraus. Es wäre nicht
möglich zu schildern, wie sehr alle Bauern-
weiber und Dirnen sich schämten! Sie
sassen da und schlugen die Augen nieder
oder wussten vielmehr nicht, wo sie hin-
sehen sollten; am schlimmsten aber schien
die Pastorin daran zu sein, welche ganz
vorn am Altar auf der Pastoratsbank sass.

Aber weit gefehlt! Die Pastorin meinte,

das wäre etwas ganz Lustiges; sie stieg auf
die Bank und sah sich die Geschichte mit
grossem Ergötzen an, so dass der Pfarrer
überlaut von der Kanzel rief: «Schaut einmal wie fidel die Maus ist!»

IX

PRIESTER UND KÜSTER AUF DER PFERDE-SUCHE [8]

DER Pfarrer und der Küster einer Land-
gemeinde sollten einmal des ersteren
Pferde aufsuchen,* und er wusste nicht
recht, ob es nöthig wäre, Lebensmittel mit-
zunehmen, während der Küster dies für
ganz unnöthig hielt. Der Pfarrer liess also
die Speisetasche zu Hause, während der
Küster alle Taschen vollstopfte. Als sie nun
zwei Tage lang vergeblich gesucht hatten,
wurde der Pfarrer gar sehr hungrig, glaubte

---

* Im Sommer werden die Pferde in den Wald auf
die Weide gelassen, wo sie ohne irgend welchen Hirten
bleiben. Der Pfarrer sollte nun die seinen aufsuchen.

aber, dass der Küster, welcher voraus ging,
etwas knapperte und fragte ihn, was das
wäre, das er da ässe. «O, antwortete jener,
es sind ein paar Rossäpfel, die ich da esse.»
Von dieser Speise gab es genug auf dem
Wege, und der Pfarrer klaubte welche auf
und ass davon. Als sie aber noch zwei
Tage weiter gegangen waren, kamen sie an
einen Bauernhof und baten um Nachtquartier, was sie auch bekamen, so wie nicht
minder Speise und Trank, obwol der Pfarrer
bei Nacht noch immer grossen Hunger em-
pfand. Nun hatte aber die Hausfrau einen
Brotkuchen* angemacht und diesen in einem
grossen Topfe zum Backen in die Heerd-
grube gesetzt. Das hatte der Küster ge-
merkt, und als er nun hörte, dass der
Pfarrer noch hungrig war, sagte er zu ihm:
«Dort auf dem Heerde steht ein Brotkuchen
in einem Topfe; gehet dorthin Herr Pastor,
und esset so viel ihr wollet mit dem Kochlöffel und dann bringet mir auch einen
Löffel voll hierher.» Hierbei ist zu bemer-
ken, dass es in der Stube pechfinster war
und der Bauer mit seiner Frau in einem
andern Bette schlief, das auch in der Stube

---

* Diese Art dicken Brotkuchens heisst söt-bulle.

stand. Der Küster that nun, als besorgte er, der Pfarrer käme, wenn er gegessen hätte, zum unrechten Bett, und bat ihn daher, an sein Bett eine Schnur anzuknüpfen und vermittelst derselben vom Heerde aus wieder zurückzukehren, um sich nicht zu irren. Der Pfarrer folgte dem Rath, knüpfte die Schnur an und ging zum Heerd, während der Küster, sobald der Pfarrer aufgestanden war, sich beeilte, die Schnur von seinem Bette los und an das der Eheleute festzubinden. Sobald nun der Pfarrer sich satt gegessen, ging er an der Schnur mit der vollen Kelle nach seinem Bette, wie er glaubte, kam aber an das des Bauern und sprach: «Hier bin ich, Küster, mit dem vollen Kochlöffel, nehmet und esset nun auch!» er bekam aber keine Antwort.

Inzwischen hatte die Bauersfrau, weil ihr zu heiss war, die Bettdecke von sich geschoben und lag im Hemde mit dem blossen Hintern zum Bette heraus, wobei sie einen tüchtigen Fist streichen liess, während der Pfarrer glaubte, der Küster hielte den Brotkuchen für zu heiss und bliese deshalb darauf, so dass er leise bemerkte, es wäre überflüssig zu blasen, der Kuchen wäre kalt genug. Da der Pfarrer nichts weiter hörte,

so verlor er endlich die Geduld und sagte:
«Wollet ihr nicht essen, dann schmeisse
ich es euch ins Gesicht,» und zugleich warf
er den Inhalt der Kelle der Bauersfrau
mitten auf den Hintern. Schliesslich kam
er doch zu seinem Bette zurück, hatte sich
aber die Hände so besudelt, dass ihn der
Küster bat, sie sich zu waschen, da sich in
einem Fässchen in der Stube Wasser befände. Der Pfarrer suchte dasselbe, ging
jedoch im Finsteren irre und fuhr mit den
Händen in einen tiefen Syrupnapf, so dass
er bitter zu jammern anfing, der Küster aber
ihn die Hände in der danebenstehenden
Tonne reinigen hiess. Der Pfarrer wollte
dies thun und steckte die Hände hinein,
kam indess noch übler an, denn in der Tonne
waren Daunfedern! Am Ende fand der
Pfarrer das rechte Gefäss und konnte sich
waschen, fühlte jedoch bald das Bedürfniss
sein Wasser zu lassen und hörte von dem
Küster, dass vor der Thür sich ein Stein
befände, auf den er sein Wasser abschlagen
sollte. Aber auch dieser Nachweis war nur
eine Bosheit des Küsters; denn vor der
Thür befand sich kein solcher Stein, sondern da sass die Bäuerin, welche eben ihre
Leibesbürde ablegte. Der Pfarrer ahnte

kein Arg, sondern, des Küsters Rath folgend,
pisste er der Frau gerade auf den Hintern,
und in Folge davon sowol wie seines sonsti-
gen Benehmens wurde er mitsammt dem
Küster aus dem Hause gejagt, was auch gar
nicht zu verwundern war.

X

DER VERSTELLTE DOKTOR [9]

EIN Propst hatte einmal einen Knecht
und eine Magd, die er gern miteinan-
der verheirathen wollte, was auch geschah.
Als sie nun eine Zeit lang verheirathet
waren, wurde die junge Frau schwanger,
und dies bemerkte der Propst. Während
daher der Mann jener einst abwesend war,
ging der Propst zu ihr und «belehrte» sie,
dass ihr Mann vergessen hätte, dem Kinde,
das sie trüge, einen Kopf zu machen, «und,
fügte er hinzu, es bleibt ein schrecklich miss-
gestaltetes Geschöpf, wenn du ihm nicht
einen Kopf machen lässest und zwar so bald
wie möglich; am besten wäre es freilich,

wenn der Mann einer Andern das thun
wollte.» Die junge Ehefrau wurde ganz
ängstlich und ging den Propst mit Bitten
an, ihr in dieser dringenden Noth beizu-
stehen. brachte aber nichts zu wege; er liess
sich nicht dazu bringen. Endlich jedoch
gab er nach, indess nur unter der Bedingung,
dass er für seine Bemühung einen Ochsen
als Ersatz bekäme, worauf die Frau sehr
gern einging und ihm seine Forderung bewilligte; der Propst aber machte hierauf
dem Kinde den Kopf auf dieselbe Weise
wie man den ganzen Leib zu machen pflegt,
nahm dann den Ochsen und begab sich nach
Hause.

Als der junge Ehemann wieder zurück-
kam und das Vorgefallene vernahm, gerieth
er in grossen Zorn, und man darf sich nicht
wundern, dass er darüber nachsann. wie er
dem Propst den ihm gespielten Streich ver-
gelten könne; und dies fing er so an. Eines
Tages war der Propst abwesend und sein
früherer Knecht, jetzt sein Käthner, ver-
kleidete und maskirte sich, bis er nicht
wiederzuerkennen war, worauf er sich in
die Propstei begab und sich für den klugen
Doktor mit der langen Nase ausgab, der
alle Uebel und alle Gebrechen zu heilen

verstände; ob man nicht vielleicht seiner
Dienste bedürfe. Da nahm ihn die Pröpstin
in ihre Kammer und fragte ihn, ob er ihr
wol zu sagen vermöge, woher es käme,
dass ihr Mann sich im Bette gar nicht um
sie bekümmere. Der Doktor musste sie
also untersuchen und hiess sie mit einem
Beine auf einen Stuhl steigen, damit er
nachsehen könne, ob etwa da unten nicht
alles in Ordnung wäre. Die Frau that, wie
der Doktor sagte, und dieser sah nach;
worauf er sich dahin äusserte, dass er den
Fehler genau erkannt hätte, diesem auch
abzuhelfen vermöge, wenn sie sich auf den
Fussboden hinlegen wolle. Dies geschah;
sie legte sich hin, und der Doktor, der ihr
die Röcke aufhob, steckte ihr ein Ei, welches
er bei sich hatte, in die Fut, wobei er hinzufügte: «Lieget jetzt ganz stille, bis ich
wiederkomme; ich muss einmal fortgehen,
komme aber bald wieder.» Der Doktor
begab sich dann in die Küche und fragte
die Magd, ob ihr irgend etwas fehle. «Ja,
sagte sie, es thäte ihr weh im Magen.» Er
hiess sie sich auf den Fussboden nieder-
legen, zog ihr die Röcke in die Höhe, und
nach genauer Betrachtung des Leibes versprach er ihr Heilung. Er packte nämlich

die Katze, die auf dem Heerde sass, schnitt
ihr den Kopf ab und setzte ihn auf des
Mädchens Bauch, worauf er sie mit derselben
Weisung verliess, die er der Pröpstin gegeben hatte.

Nun war die Zeit da, wo der Propst nach
Hause kommen sollte; das wusste der vor-
gebliche Doktor und ging ihm entgegen, wobei er einen Hut in der Hand hielt, den er
mit weichem Koth angefüllt und worüber
er einen Bogen Papier gedeckt hatte. Als
er nun mit dem Propst zusammentraf, fragte
er ihn, ob er den Hut kaufen wolle. Er
koste allerdings zehn Thaler, hätte aber die
besondere Eigenschaft, dass wenn man sich
irgendwie in einer unangenehmen Lage befände, so brauche man ihn nur aufzusetzen,
dann wäre alles wieder gut. Ja, das wäre
ein herrlicher Hut, meinte der Propst und
kaufte ihn trotz des theuren Preises. Darauf schieden sie, und jeder ging seines
Weges.

Als nun der Propst nach Hause kam,
traf er auf einen absonderlichen und gräu-
lichen Anblick. Seine Frau war dabei, Eier
zu legen, und die Magd junge Katzen zu
werfen; denn sie lagen beide noch immer
so wie der Doktor sie gelegt hatte. Hierüber

gerieth der Propst natürlich ganz ausser sich vor Entsetzen, erinnerte sich jedoch wozu der Hut gut wäre und drückte ihn sich auf den Kopf. Aber nun wurde es noch schlimmer: der Koth lief ihm über die Backen und stank so gräulich, dass er acht Tage lang keinen Bissen herunterbringen konnte.

Da sah der Propst, dass er gründlich gebüsst hatte und machte niemals mehr andern Kindern einen Kopf.

XI

DAS SELTSAME GESPANN [10]

1　**E**INST war ein armer Bauersmann,
　　Der quälte immer sich am Pflug;
Doch hatt' er nie zu essen g'nug.
Den trat der Böse einstens an:
5　«Guten Tag, du Ehrenmann, wie mag's
　　　　　　　dir gehn?»
　　— «Für güt'ge Nachfrag. spricht jener,
　　　　　　　dank ich schön.
«Ich habe just nu grosse Beschwer,
«Dass in so theurer Zeit ich mich ernähr',
«Und immer fehlt's bald dort, bald hier.»
10　— «Ei was, sprach Stöpke, ich helfe dir:
«Doch dienst du mir alsdann; dies ist
　　　　　　　mein Beding.»
　　— «Ja wol, sagt jener, die Forderung ist
　　　　　　　gering;
«Doch wüsst' ich gern, wo Ew. Gnaden
　　　　　　　wohnt,
«Ob Euer Rang sich in die Höhe fügt,
15　«Und ob mein Lohn für mich und Frau
　　　　　　　genügt.»
Flugs einen Sack Dukaten er bekam,
Den er nach Hause auf dem Rücken
　　　　　　　nahm.

Original.

1   **D**et var en gång en fattig bonde,
   som ständigt ledsnats vid sin plog
och aldrig hade föda nog.
Fick en gång möte af hin onde:
5 «God dag, du hedersman, hur står nu
            till?» —

«Jag tacker er,» sa' bonn, «som därom
            fråga vill.
Jag hafver just nu mycken möda
att mig i denna dyra årstid föda,
och aldrig vill det räcka till.» —

10 «Å, bagatell», sa' fan; «jag detta hjelpa vill,
men med det förbehåll, att du mig se'n
            skall tjäna.» —
«Å, ja!» sa' bonn, «om Gud mig hälsa
            vill forläna;
men får jag fråga törst, hvar gunstig
            herren bor,
och om dess karaktär är mycket hög och stor,
15 och om den lön, jag får, är nog för mig
            och mor?» —
Hvarutan bonn af fan en säck dukater fick,
och den på ryggen tog och hem åt garden
            gick.

«Juchhe, rief er, heut belux' ich Stöpke
g'nug;
«Doch, Mutter, du musst ziehen 'mal den
Pflug,
20 «Und Liese auch; und bin ich gut be-
rathen,
«So füll' ich euch die Hände mit Dukaten.»
Der Bauer dann zum Acker geht;
Der Pflug dort mit zwei Sielen steht,
An welche Weib und Magd er spannt,
25 Ganz anders, als man sonst wol sieht,
Auf allen Vieren zwar, doch Steiss voran,
Und um den Kopf 'nen Pferdeschwanz
er band.
Als Satan kam, um das Gespann zu sehen,
Blieb mehr und mehr verblüfft er dorten
stehen,
30 «Wo du die beiden fandst, musst du mir
sagen.»
— «Im Walde, gnäd'ger Herr, wie kannst
du fragen?»
— «Das, sprach der Böse, kann ich nicht
versteh'n.
«Doch möcht' ich wol sie füttern seh'n.»
Der Bauer zog die Hosen ab und nahm
den Pint heraus,
35 Und gab der Liese dann zuerst; der war's
ein prächt'ger Schmaus;

«Topp opp!» sa' bonn, «i dag skall satan
få att klaga;
och du min kära mor, du måste plogen
draga,
20 och Lisa äfvenså, ty bara jag får rå,
skall ni för ert besvär af mig dukater få.»
Bonden sig åt åkern vände
och hade då till reds två selar och en
plog,
och dem väl före spände,
25 men icke som man tror,
ty hufvud gjorde han till ände
och band därom en svans af tagel ganska
stor. —
Satan kom att dem beskåda;
han stannade, blef flat, ju mer han såg
derpå.
30 «Hvar tog du dessa båda?» —
«På skogen, gunstig fan, «hur kan du
fråga så?» —
«Ha, ha,» sa' fan, «det sofvel intet
ratar;
låt mig se, hur du nu matar.» —

Bonn strök sina byxor ned och tog
så fram en bit
35 och gaf åt Lisa först, som åt med god
aptit.

Jedoch die Frau fing an zu brummen.
«Oho, sprach Satan; die Kost schmeckt
    nicht; ich hör die andre stöhnen.»
Und sicher kann man's glauben, dass es
    nicht schmeckt,
Wenn man verkehrt am Pfluge treckt,
40 Den Kopf zur Erde niedergewandt,
So dass der Steiss und was dazu gehört
Sich unverhüllt zur Sonne kehrt.
    Der Böse ging, war gar nicht hold,
Denn jenem blieb ja all' das Gold,
45 Und dumm verbleibt der Teufel trotz
    allem Geist,
Wie diese Geschichte uns klar beweist.
Dass Stöpke keine Fran ist, wusst' der
    Bauer gut
Und dass er nie ein solches Loch ge-
    schaut;
Und keine Kunst war's, ihn zu ver-
    blüffen,
50 Wenn er vor Augen sah die blosse
    Weiberfut.

Häröfver käringen börjar mucka.
«Å, det var hund!» sa' fan», jag hör den
andra sucka.»
Nu kan man näppligt tro, att det vist
kostar på
bakfram för en plog att stå,
40 med hufvud ner mot jorden vandra,
så att de båda röfvarna ock det andra
dylikt emot solen stod. —
Satan gick sin väg helt flater
och lemna' bonn i frid att vexla bort
dukater.
45 «Var icke Satan dum, för alt geni han
äger?»
tror jag helt vist, I alla säger,
ty bonden viste väl, att satan ej är fru,
och att han ej har sett et sådant hål
förr'n nu.
Det var just ingen konst att uppå saken
hitta,
50 när han för ögat såg en öppen quinno-
fitta.

14*

XII

DER SÜNDIGE PAUL

Es war einmal ein junger Bursche, der hiess Paul und hatte rothes Haar. Er war ein Taugenichts und beging lauter heillose Streiche. Den Pastor prügelte er einmal ganz jämmerlich durch, und fast alle Frauenzimmer wurden von ihm geschwängert. Das allerärgste jedoch war, dass er eines Sonntags sich in der Kirche eines lauten Windes entledigte.

Voller Tücke wie der Bursche war, begab er sich eines Samstags zu dem Pastor und stellte sich sehr demüthig und bussfertig an. Er verlangte nun nach Vergebung aller seiner Sünden, und um des Pastors Herz recht zu erweichen, hatte er eine grosse prächtige Wurst mitgebracht, die er bat, ihm schenken zu dürfen. Der Pastor war wie alle andern Pfaffen; «Pfaffensack hat keinen Boden», wie das Sprichwort sagt. Doch wurde der Pastor gar übel angeführt; denn der verwetterte Bursche hatte die Wursthaut mit kleinen Steinen angefüllt, und als der Pastor beim Abendbrot die stattliche

Wurst kosten wollte, bekam er die Schelme-
rei zu sehen.

Der Tag darauf war ein Sonntag; auch
Paul ging zur Kirche, um zu hören was der
Pastor sagen würde, und als dieser ihn erblickte, wurde er von Zorn ergriffen und
rief aus:

«Du sündiger Paul,
du Lästermaul
du Priesterwichser
du Mädchenschänder
du Farzer im Gotteshaus,

deine Sünden werden nimmer vergeben, und
alle Rothköpfigen werden sicher in die Hölle
kommen! — Einige, aber nicht alle», beeilte sich der Pastor hinzuzufügen, indem
er sich erinnerte, dass er selbst rothes Haar
hatte.

XIII

EIN LIEDCHEN

DER Mann, er kam heim, und besoffen
war er,
Er schlug mit dem Pint auf den Tisch;
Die Frau aber fragte, was Teufel er thät,
Und fluchte und donnerte schwer;
«Und schlägst du entzwei gar den Pint dir,
Was kriege ich dann in die Fut mir?
Hurra, ja mir!
Das sage ich dir,
Den Tag, den vergesse ich nimmer!»

Original

GUBBEN kom hem, och drucken var han,
han slog sin ball (scrotum) i bole;
käringa kom ut och dundra' och svor
å frågte, hvad fan han gjole.
«Och slår du nu sönder ballen på dej,
hvad skall jag få i fitten på mej?
Hurra för mej,
det säger jag dej,
den dagen glömmes aldrig.»

XIV

HOCHZEITSREDE

VOR UNGEFÄHR fünfzig Jahren noch pfleg-
ten Spielmänner oder ähnliche Per-
sonen bei Hochzeiten zu der Gäste Belustigung
folgende Rede zu halten.

«Der Kukuk hole den, der allein bleibt,
d. h. soviel wie Pfui und Verdammniss über
den, der sich nicht verheirathet.

Heirath fehlet nimmermehr;
Sie zieht die ganze Welt umher.

Heirathen ist nützlich bei Tage und ergötzlich bei Nacht; es ist lustig bei Tisch
und gut im Bett.

Zwei sind besser als eins, und zwei können
eins machen; und so wie ein gut zusammen-
gedrehtes Tau nicht leicht auseinander geht,
so ist es auch nicht leicht, zwei Liebende zu
scheiden, die bei einander liegen.

Diese unsere Lehre hat unser ehrsamer
Bräutigam stets in seinem Sinn gehabt und
wolbeachtet, weil er es gewagt hat, in der
ganzen Welt umherzuziehen und nach Heirath auf die Suche zu gehen. Und obschon
er ein brennendes Verlangen und stetes Be-

streben danach gehabt hat sich zu verheirathen, geradeso wie die Katze nach der
Maus und der Fuchs nach der Gans, ist er
doch nicht darauf losgestürzt wie ein dummer
Hund auf ein Stück Fleisch, auch nicht wie
ein Frosch, der in die erste beste Koth-
grube springt, oder wie die Schlange, die
in das erste beste Loch kriecht, das sie an-
trifft; sondern er hat gehandelt wie ein
Bauer, der eine Färse kaufen will. Erst
nimmt er sie in Augenschein von vorn und
von hinten, und dann befühlt er sie an der
Brust, am Bauch und an den Weichen; und
dann probirt er sie, und dann macht er ein
Angebot und dann schliesst er den Kauf ab
und führt sie nach Hause und macht ihr eine
Streu im Stalle zurecht und macht sie zur
Kuh; denn eine Kuh ist auf einem Bauernhof ein nützliches Ding.

Also auch hat unser ehrsamer Bräutigam
mit seiner herzallerliebsten, allerfleischlichsten
und ehrsamen Braut gethan.

Der aber, der ein Mann sein will, soll
sein mannbar und muss die Ohren steif
halten und muss sein

> steifgesinnt
> und steif im Pint

und steif im Feld
und steif im Bett
und steif im Gang
und steif im Sack.

Aber die Frau dagegen soll sein wie die Katze im Monat März. Sie soll nicht boshaft und listig sein wie eine alte Katze, die in den Winkeln sitzt und murrt und knurrt und bissig aussieht, sondern sie soll sein wie ein Spanferkel, das, wenn man es an dem einen Bein kraut, das andere emporhebt und dann still liegt und schniebt und am Ende einschläft. Sie soll nicht sein wie ein knorriger Klotz sondern wie ein sich grade spaltender, der wenn der Keil kommt, sich gerade in zwei Theile spaltet.»

XV

FEUERSEGEN

Um das Feuer d. h. die glühenden Kohlen unter der darüber geschütteten Asche bis zum nächsten Morgen im Heerde lebendig zu erhalten, sagt man am Abend beim Aufschütten derselben folgenden Spruch her:

Mus, mas

bolltas

meder i askan

teder i taskan

boll in och boll ut

aldrig skall min eld lockna, förän dagen
är ljus.

d. h. Mus, mas — bolltas — meder in der Asche — teder in der Tasche — Hodensack 'rein und Hodensack raus — nimmer soll mein Feuer ausgehen, ehe der Tag hell ist (anbricht). —

Die hier und in den folgenden Sprüchen unübersetzten Wörter sind unbekannter Bedeutung oder vielleicht verdreht. Taska, Tasche, bedeutet auch scrotum. Bolltas ist vielleicht zusammengesetzt aus boll (scrotum) und taska; vgl. den folgenden Spruch:

Nisch, smiske
smisk, smaske
ball, taske,
skinn, fitte
ball, stut
aldrig skal din ord min eld slockna.
d. h. Nisch, smiske — smisk, smaske
— Hodensack, Tasche — Haut, Fut —
Hodensack, stut — Nimmer soll dein Wort
mein Feuer löschen (ball ist eine andere
Form von boll).

ANMERKUNGEN

ZU DEN

SCHWEDISCHEN SCHWÄNKEN UND ABER-GLAUBEN

1. Ein Wünsche gewährender Fisch findet sich auch bei Grimm, Märchen No. 19; s. auch die Anmerk. dazu; ferner Gött. Gel. Anz. 1868, S. 110 (zu Radloff S. 313); Imbriani, Novellaja Milanese. Bologna 1872, p. 105, No. 25.

2. M a u s, schwed. m u s. Beide Wörter bedeuten auch, wie hier, cunnus. In Betreff des ersteren s. z. B. Sanders, Deutsches Wb. s. v. — Eine mit Sprache begabte Fut auch bei v. d. Hagen Ges. ab. No. 53 «Der weisse Rosendorn.»

3. Aehnliche Scene in einer von Chaucer's Canterbury Tales; doch ist es da die Liebste selbst, welche bei Nacht ihr Hintertheil durchs Fenster dem Liebsten zum Küssen darbietet.

4. S. Oesterley zu Pauli Schimpf und Ernst Cap. 324 (Stuttgart. Liter. Verein).

5. Vgl. Cent Nouv. Nouv. no. 12 «Le veau».

6. Stubenbalken, schwed. rinkor; zwei unter der Stubendecke parallel befestigte Balken; auf welchen Bauholz getrocknet wird.

7. Vgl. *Κρυπτ.* I, 323.

8. Vgl. Bishop Percy's Folio Manuscript. London 1867 (Vol. IV). Loose and Humorous Songs; p. 61 ff. «Panche.» In dem Nachtrag (ebendas. p. 128) wird bemerkt, dass dieser Schwank auch auf Island umlaufe.

9. S. Bonaventure Desperiers, Contes et joyeux devis; nouv. 9: «De celui qui acheva l'oreille de l'enfant à la femme de son voisin.» S. ferner die Nachweise von Leroux de Lincy zu No. III «La Pêche de l'Anneau» der Cent Nouv. Nouv.; füge hinzu Cintio dei Fabrizii, nov. 16 «Chi non ha ventura, non vada a pescar» in Ebert's Jahrb. für rom. u. engl. Liter. I, 315; Wickram, Rollwagen No. 79.

10. Vgl. Eva Wigström, Folkdikting. Andra Samlingen, Göteborg (1881) S. 113 (Bartsch's German. 28, 108 f.); August Bondeson, Halländska Sagor. Lund 1880, p. 72 no. 18: «Bonnen, som paokkta mä skam.»

INHALT.

LITERATURA POPULAR
ERÓTICA

DE

ANDALUCÍA.

FÓRMULAS

1. De los muchachos andaluces, cuando andan desavenidos:

— Er coño e tu madre.
— Er de la tuya, que son iguales.

Acerca de la mala costumbre infantil de mentar la madre, V. Rodriguez Marin, *Cantos pop. españoles*, t. I, pág. 181 (Sevilla, 1882).

2. En algunos pueblos, las mujeres de los campesinos suelen ir de puerta en puerta vendiendo espárragos. Al pregonar su mercancía en casas en que hay algun bromista, suelen entablar el siguiente diálogo:

— ¿Compra 'sté espárragos?

— ¿Están guisaos?

— Y en er coño e tu madre sancochaos.

3. Cuando las campesinas jóvenes salen al campo á coger la aceituna, los muchachos les cantan:

Asitunera
Der pío pío,
Ebajo e las naguas
Yebais un nío
De gorrïones
Medio pelones,
Medio bestíos.

4. Al que está orinando se le suele decir:

En acabando er jilo,
Corta er pabilo.

A lo cual contesta aquél:

Si tu culo es tijera,
Bén y corta por donde quieras.

5. Al que deja escapar el aire por cierta parte:

Por donde salió er peo
Er diablo meta er deo,
El águila er pico
Y er sipote un borrico.

Cipote, uno de los nombres vulgares del miembro viril.

Otra version:

Por donde salió er peo
Meta er diablo er deo,
El alaclan er pico,
La bíbora er josico,
Er rabo la sorra
Y er burro la porra.

---

6. Fórmula mnemotécnica de los soldados (cazadores), para aprender uno de los toques de corneta:

Los deos de las manos,
Los deos de los piés,
La picha y los güebos
Son bentitres.

Κρυπταδια. II. 15

REFRANES

1. Del enemigo, el consejo; — y de la mujer, el conejo.

Conejo, uno de los nombres vulgares de las partes pudendas de la mujer.

2. A la primas, — se le arrima; — y á las primas hermanas, — con más gana.

Se les arrima (el pene): elíptico.

3. El buen engendrador, — poca picha y buen cojon.

4. Quien buen carajo tiene, — seguro ba y seguro biene.

5. Más puéen dos tetas — que dos carretas.

En los *Refranes ó proverbios españoles traduçidos en lengua francesa*, par Cesar Oudin, Bruxelles, 1612, se halla este refran, en la siguiente forma:

Más tiran tetas que sogas cañameras (ó que exes ni carretas).

Poco ántes, en la misma coleccion:

Más tiran nalgas en lecho que bueyes en barbecho.

6. Cama dura, picha tiesa.

7. Er que mea y no hase espuma — no tiene fuersa en la pluma.

8. Picha española — no mea sola.

9. Entre er culo y er coño — no cabe un rear de á ocho.

10. — ¿Qué distansia hay entre er coño y er culo? — Er canto e un duro.

11. Er mucho joer escompone er cuerpo.

12. A poco dinero, — poco meneo.
    Es refran de putas.

13. A los cincuenta — ya no hay cuenta.

Esto es: á los cincuenta años no hay menstruacion.

14. Mucho ba de los cojones á comé trigo.

Fúndase este refran en el siguiente sucedido. Entróse un burro á comer en una sementera de trigo y el dueño de ésta, que estaba léjos, gritó al de aquél para que le hiciera salir del sembrado. Respondióle el dueño del burro: — ¡No hay que temer:

15*

es capon! A lo cual objetó enfurecido el labrador: — Y ¿ qué tienen que ver los cojones con comer trigo ?

15. Con lo que Dios manda y el rey ofrece — no hay más que joerse.

Es decir: no hay más remedio que fastidiarse y tener paciencia.

16. San Joerse no tiene bigilia.

17. A uso e tropa: cáa uno se joe cuando le toca.

ADIVINANZAS

1. Súbome en tí,
Tú te meneas,
Gusto me da,
Leche te quea.

— El hombre á la higuera.

2. Largo, largo,
Seco, seco,
Y tiene los güebos
En er pescueso.

— La mata de coco y su fruto.

3. Si quieres saber, señora,
De la raís que desiendo,
Lebántame er jarapin,
Berás qué singuango tengo.

— El racimo de uvas en la cepa.

4. Tamaño como un napoleon
Y tiene pelos alreor.

— La cebolla.

5. Tan largo como un boyo de chocolate,
Y tiene pelos en el remate.

— La mazorca de maiz.

6. Corchon de pluma,
Cama de pelo;
Debajo de la poya
Tengo los güebos.

— La gallina clueca.

La poya es uno de los nombres vulgares
del miembro viril.

7. Una cuarta e carne biba,
Y á media noche se empina.

— El gallo.

8. Gordo lo tengo;
Más lo quisiera,
Que entre las piernas
No me cupiera.

— El caballo.

9. En un calabozo oscuro
Meto lo mio peludo.

— El zapato y la media.

10. Una cuarta ó poco más,
Sin güeso ni coyuntura;
Todos los hombres lo tienen,
Y tambien er padre cura.

— El cuello de la camisa.

11. Sobre tí me pongo;
La punta te meto;
Por tí quedará
Si no te lo entro.

— El hombre al zapato.

12. Toda la noche me tienes
Con la boca jásia arriba,
Esperando que me metas
Una cuarta e carne biba.

— El zapato al hombre.

13. Recorguin que le recorgaba;
    Entre las piernas le andaba;
    La niña lo cogió,
    Y en er bujerito se lo metió.
    — La cuerda del corpiño.

14. Duri-blando lo tiene la dama;
    Por su gusto le rompen er belo;
    Derecho se lo meten y derecho se lo
                                    sacan.
    — La oreja y el zarcillo.

15. Lo tomo flojo,
    Le unto saliba,
    Después lo endereso,
    Y por el ojito
    Se lo meto tieso.
    — El hilo y la aguja: preliminares para
ensartarla.

16. Tres perendengues
    Tengo en la mano;
    Uno le meto,
    Y dos recorgando.
    — La hebra doble del hilo, y la aguja.

17. Con er pico pica,
    Con er culo aprieta
    Y con lo que cuerga tapa la grieta.

    — La aguja.

18. Arsa, niña, er cobertó,
    No me seas temerosa,
    Y aprebén er bujeriyo,
    Que traigo tiesa la cosa.

    — La enfermera á la enferma, para jeringarla.

19. Marío mío,
    Un hombre ha benío
    Y me l'ha metío;
    Sangre me ha hecho;
    Pídele á Dios que me haga probecho.

    — El sangrador y la lanceta.

20. Coloradito y goti-goteando;
    Métolo duro y sácolo blando.

    — La sopa en vino.

21. Yo soy el árbo de la Naturalesa
    Y me se arruga la cortesa;
    Echo er fruto á rempujones,
    Y atrás tengo los tolondrones.

    — El fuelle de la fragua.

22. Cuando güeno güeno,
Tieso como un leño;
Cuando malo malo,
Tieso como un palo;
Te lo jise dose beses
Y me queó la porra pá partir nueses.

— El reloj de pesa.

23. Arrímate tú,
Yo me arrimaré,
Y una cuarta que tengo
Te la meteré.

— El cerrojo á la argolla por donde
entra.

24. Estando la negreta
Sentada en su silleta,
Llegó el negrete
Y le metió el zoquete.

— La olla sobre el anafe, y el cazo.

25. Entre las piernas lo tengo
Pelao y á trasquilones,
Y tiene la boca abierta,
Como cueba de ratones.

— El pellejo de vino.

26. Delante de una madama
    De roiyas me jinqué;
    Si tiesa se la metí,
    Más tiesa se la saqué.

    — El arca y la llave.

27. Doña Blanca está tendida;
    Don Pedro le baila encima:
    Mientras Don Pedro va y viene,
    Doña Blanca abierto lo tiene.

    — La artesa y el cedazo.

28. Acertajon, acertajeta,
    ¿Qué tiene el rey en la bragueta?

    — Dos balas y una escopeta.

29. Crese y mengua, y no es la mar;
    Tiene capucha, y no es sacristan;
    Tiene serquiyo, y no es monaguiyo;
    Tiene bigotes, y no es granaero,
    Y en la punta tiene un abujero.

    — El miembro viril.

30. Nase en un monte espeso,
    Y tóo se buerbe pescueso;
    Crese y mengua como er mar,
    Y no es langostino ni calamar;

Tiene un abujero en la frente,
Y ar que lo asierte, que le éntre.
— El miembro viril.

COPLAS

1. Bendito sea Noé,
   Que le jiso er pico ar grajo,
   A las mujeres er coño
   Y á los hombres er carajo.

2. San Migué lo comparo
   Con el ombligo,
   Porque debajo tiene
   El enemigo.

3. Todas las mujeres tienen
   En er pecho dos membriyos,
   Y más abajito tienen
   La baina de mi cuchiyo.

4. Todas las mujeres tienen
   Junto ar culo una laguna,
   Donde se ajogan los hombres,
   Sin tener agua ninguna.

5. Todas las mujeres tienen
Debajo der delantá
Un sordado con bigotes,
Y enmedio una puñalá.

6. La mujé der jerrero
Tiene que tiene
Por delante el ayunque
Y atrás er fueye.

7. Una bieja muy rebieja,
Más bieja que San Anton,
Tenia las uñas negras,
De rascarse el abion.

8. 'Staba una bieja meando
Debajo de una jiguera,
Y los jigos se reian
De berle er suyo á la bieja.

9. Una bieja en una benta
Estaba asando un conejo,
Le sartó una chispa ar suyo,
Y mandó tocar á fuego.

10. Una bieja muy rebieja
Se lo miraba y desia:
— Este candí, cuando nuebo,
Chupaba mucha torsía.

11. Cuando me parió mi madre,
    Ar punto dijo mi agüela:
    — Este niño es bailaó,
    Segun tiene castañuelas.

12. Me yebaron á la carse,
    Me sacaron sinco duros,
    Porque le dije á una niña:
    — Atienta y berás qué duro.

13. Ar reborber de una esquina
    Un siego estaba meando,
    Y en artas boses desia:
    — ¡Er premio tengo en la mano!

14. Las mujeres cuando paren
    Se acuerdan de San Ramon,
    Y no se acuerdan der santo
    Cuando están en la funsion.

15. Écheme usté á ese fraile
    Por la gatera;
    Que me biene pidiendo
    La friolera.

16. Un fraile carmelita
    Dió en bisitarme,
    Y, si yo me descuido,

¡Bírgen der Cármen...!
Era su intento
Haserme un frailesito
Para er conbento.

17. Esta casa güele á coño;
¡Carajo! ¿Quién bibe aquí?
Tu padre jodió á tu madre;
Yo bengo á joerte á tí.

18. — ¿Qué tienes en ese pecho,
Que tanto gusto me da?
— Dos mansanitas camuesas;
Mete la mano y berás.

19. ¡Quién fuera ribetito
De tu sapato,
Para berle er bigote
Ar tio Macaco!
De tu chinela,
Para berle er bigote
Ar puchinela!

20. Tropesé en tu zapato,
Caí en tu media,
Me agarré de tu liga...
¡Arriba pierna!

21. En tus nagüitas blancas
    Tengo yo parte;
    Si me das argun trapo,
    Que sea er de alante.
    Porque er trasero,
    Si me lo das de barde,
    Yo no lo quiero.

22. Señora, me atrebo á darte
    Cuatro gorpes de fortuna
    En ese lunar que tienes
    Entre coluna y coluna.

23. Chiquiya, te lo jasía....
    Un puente pá que pasaras
    De tu camita á la mia.

24. Echemos la despedía
    La que er gayo echó á la sorra;
    Si te piyara debajo,
    No te quearas machorra.

25. Son tus piernas colunas
    De rear palasio;
    Más arriba está er monte
    Donde yo caso.
    Y tiré un tíro,
    La liebre salió herida
    Y yo rendido.

26. Te cogí con el arate:
    Me pusistes er muñeco
    Como sopa en chocolate.

27. Tú te acordarás, serrana;
    Mi capa sirbió e corchon;
    Mi braso, de cabesera;
    Mi cuerpo, de cobertó.

———————⬦———————

El tanlarinlaron.
(Para canto.)

Ayer tarde recibí en mi casa
A una niña para costurera;
Pero esta niña del tanlarinlarera.
Me ha parecido del tanlarinlaron.

Le pregunto qué estado tenía
Y ella dice: — Mocita soltera; —
Pero la facha del tanlarinlarera
Me ha parecido del tanlarinlaron.

Ella dice que no tiene á nádie,
Sinó á un primo que la ama de véras;

Pero ese primo del tanlarinlarera
Será primo del tanlarinlaron.

Cuando habla, retuerce el hocico;
Cuando anda, menea la trasera;
Movimientos del tanlarinlarera
Que son propios del tanlarinlaron.

Ayer tarde al salir de la casa
Y al pasar por los caños de Herrera,
Con el susto del tanlarinlarera
Se le ha ido el tanlarinlaron.

Yo me acuerdo, cuando era muchacho
Dibujaba de varias maneras;
Y con el lápiz del tanlarinlarera
Dibujaba el tanlarinlaron.

———✦———

MISCELÁNEA

Decía una penitente al confesor:
— Acúsome, padre, que tengo dos bocas;
por la una como carne y por la otra sopas.
— Bueno, hija, y ¿cuáles son esas bocas?

— Padre, ésta es una (señalando á la boca) y ésta es otra (señalando al coño.). Por aquélla como sopas y por ésta como carne.

— Pues bien, hija, te impongo por penitencia que por la boca con que comes sopas comas carne, y por la otra sopas.

Retiróse la penitente, y en cuanto llegó á su casa preparó una sarten de sopas; y sin dejar que se enfriasen, tomó una cucharada, que introdujo en su coño. Incontinenti soltó un pedo mayúsculo, y dijo:

— ¡Qué! ¿Están frias y soplas? Pues volverás á la carne y dejarás las sopas.

* * *

Cuando Dios crió el mundo, puso nombres á todos los animales. Al caracol le llamó c a r a. El hombre dijo al Señor:

— Señor, á ese animal que lleva su casa á cuestas y saca los cuernos al sol, le has puesto el mismo nombre que á mi rostro: c a r a. Esto va á ocasionar confusion.

— Para evitarlo, mudémosle el nombre. Sál á buscar á ese animal, y añade al nombre que yo le he puesto el de la planta en que lo encuentres.

Salió el hombre á buscarlo, y le halló sobre una c o l, por lo cual le llamó y se llama c a r a c o l.

¡Si llega á encontrarle sobre un a j o, bonito nombre hubiera tenido!

* * *

— ¿Por qué tiene V. así las orejas? — preguntó cierta señorita á un sujeto que las tenia contrahechas y desfiguradas.

— Mucha curiosidad es, — contestó, — pero va V. á saberlo. Cuando yo tenía siete ú ocho años, contrajo matrimonio una de mis hermanas. En la reunion de boda oí que decian al novio algunos amigos:

— ¡Qué buena noche vas á pasar!...

— ¡Qué dichoso vas á ser cuando apagues la luz!...

— ¡Qué buen bocado te vas á comer!..

Estas frases excitaron mi curiosidad, y resolví enterarme de todo. Cuando mi hermana y su marido se fueron á acostar y la casa quedó en silencio, yo, muy quedito, me encaminé hácia el dormitorio de los novios. La puerta estaba cerrada, pero tenía una

16*

gatera, por donde, aunque con dificultad, pude meter la cabeza. La habitacion estaba completamente á oscuras; yo no oía más que suspiros. De pronto, oigo la voz de mi hermana, que decia:

— ¡Anda, anda; ya está dentro la cabeza !

Yo, creyendo que se refería á la mia, y que mi cuñado iba á castigar mi curiosidad, saqué la cabeza de pronto, nó sin desfigurarme grandemente las orejas.

Desde entónces las tengo como V. las ve.

JUEGOS DE VENDIMIA.

Estos juegos — á que tambien se llama en Andalucía juegos de cortijo, segun que en los cortijos ó en las viñas se verifican, — son unas representaciones teatrales cuyo asunto está de antemano convenido; pero cuya forma y cuyos accidentes son siempre improvisados, con arreglo á la locuacidad é ingenio de los interlocutores. Por lo general, tales diálogos, que guardan mucha analogía con los p a s o s ó p a s i l l o s de los albores de nuestro teatro, suelen rayar en v e r d e, y á poco trabajo se conoce que son manifiestas reminiscencias de las civilizaciones gentílicas.

A la representacion del j u e g o precede invariablemente una escenilla suelta, que se llama l a e n t r á d e r j u e g o, y que, como la tercera campanada en los teatros, tiene por objeto advertir al auditorio que debe prestar atencion, porque va á comenzar el espectáculo. Si á ésto añadimos que los actores son campesinos, que entre los espectadores suele estar la familia del dueño de la heredad, que el escenario es la cocina de la finca ó alguna explanada al aire libre, y que los trajes de los actores son generalmente los ordinarios, amamarrachados con grotescos aditamentos de trapos, esportillas etc., habremos dado de estas diversiones una ligera idea general, que aclararán los siguientes apuntes.

Véanse unas muestras de las e n t r á s d e j u e g o.

1. Salen dos hombres, apuntando cada uno con un palo, por via de escopeta, y entablan este diálogo:

— Apunto... Apunto...

— ¿A qué apunta usté, compañero?

— A aqueya teja. ¿Y usté?

— A las tetas d'aqueya bieja. (Apuntando á una de las espectadoras).

— Y ¿á qué biene ésto?

— A ná.

— Pos pá er juego ésta es la entrá.

2. — Ay... ay... ay!

— ¿Qué le pasa á usté?

— Que estaba cagando y me la pisé.

— ¡Si la tiene usté encogía!

— Pues no me la pisaria.

— Y ¿á qué biene ésto?

Etc.

Variante:

— Ay... ay... ay...!

— ¿Qué t'ha pasao?

— Qu'estaba cagando y me la he pisao.

Etc.

3. — ¡Juego! ¡Juego! ¡Juego!

— Compañero.

— ¿Qué?

— ¿Be usté este granito e trigo?

— Sí.

— Pos aqueya mujé lo tenia en er jigo.

Hecha la entrá de juego, empieza éste. Véase la descripcion del único que, por hoy, nos proponemos dar á conocer.

ER LABRAÓ Y ER RECOBERO.

ACTO I

Escena única.

Sale un hombre con un escardillo, ó un palo, y, figurando labrar la tierra, dice:

— Pos señó, esta tierresiya que m'ha costao una copla, es mesté be de qué la sembramos, pá que mos saque de probes. Aquí ni er trigo ni la sebá puén criarse bien, porque hay munchas piedras. Quié esí que sembraré artamuses, que por mar nombre le yaman chochos. Ogaño s'ha bendío muy bien esta semiya. (Figura sembrar.) ¡Ea, ya está! Quiea Dios qu'er tiempo benga bien, y er peujaliyo no me se güerba sar y agua. (Váse.)

ACTO II.

Escena 1ª.

El labrador, escardando.

— Ya están los artamuses nasíos y es mesté no esapartarse d'eyos, no sea que me los estrose er ganao que pasa por er camino. Aquí, en cuantito uno se escudia, ¡ya! ¿No lo digo? Po ayí biene un recobero.

Escena 2ª.

El labrador. — *El recobero*, figurando guiar con una caña á sus pollos.

Labr. — ¡Oiga 'sté...!

Rec. — ¡Osss...! ¡Osss...!

Labr. — ¡Eh...! ¿Aónde ba 'sté, cristiano? ¿S'ha pensao usté qu'esta jasienda no tié amo?

Rec. — ¡Osss...! ¡Osss...! (Sin hacer caso, y avanzando).

Labr. — ¡Tio joío! Eche usté pá juera con sus poyos ó sus puñetas. ¿No be usté qu'ésto está sembrao d'artamuses?

Rec. — Como si no lo estubiera. Toa la bia e Dios ha sío ésto berea.

Labr. — ¡Qué berea, ni qué carajo! Esta tierra es mia ligítima, que pá eso m'ha costao beinte oblones.

Rec. — Esto es berea, y basta que yo lo diga. ¿Pos no tié que be er demonio der tio!

Labr. — Ea, pos s'acabó la presente historia; ó echa 'sté por otro lao con su recoba, ó me jago la puñeta en usté.

Rec. — ¿En mí...? ¡Bamos á berlo, so tio leche!

(Se dan de palos y cañazos.)

Escena 3ª.

Dichos y *el cura*, envuelto en una manta, con una esportilla de palma por bonete y una ristra de ajos por rosario.

Cura. — Gloria patri er filio..... ¿Qué es ésto?... ¡Pas, cabayeros! (Los separa.) ¿A qué biene toa esa grímpola?

Labr. — A que este tio dise que ésto es berea y quié meté por aquí su recoba, y yo digo que esta tierra es mia, que pá eso m'ha costao beinte oblones á tocateja.

Cura. — Y ¿por éso andan ustés á bujíos, cacho e brutos? Teneis más que dí por un meió y por el arcarde pá que traiga er libro bereero y se bea por dónde ban las lindes?

Los dos. — Es berdá, pae cura; no habíamos caío en eyo.

Cura. — ¡Ea, pos bamos ayá!

ACTO III.

Escena única.

Dichos. — *El alcalde*, con una aijada de bueyes ó una pimpollera, en lugar de vara. — *El alguacil*, con una albarda en las manos, figurando un gran libro. — *El agrimensor* y *su ayudante*, éste con una cuerda, y un servicio ó bacin colgado á la espalda.

Labr. — Esta es la tierra.

Alc. — Pos bamos á la meía.

(El agrimensor y *su ayudante* figuran medir con la cuerda, cuidando éste de pasar el bacin cérca de las narices de las personas más pulcras que hay en la reunion.)*

Agr. — Señor arcarde, por aquí ba la linde.

Alc. — Bamos á be lo que dise er libro.

(Coge la albarda, haciendo como que lee y pasa hojas. Todos prestan la mayor atencion.)

Alc. — Capítulo uno : De las mujeres que le ponen los cuernos á sus maríos.

Todos. — Eso no es.

Alc. — Capítulo dos: De toas las putas que hay en er pueblo, con sus nombres y apeyíos.

Todos. — Tampoco es eso.

Alc. — Capítulo tres: Del ama der cura.

Cura. — Eso es der capítulo dos.

Alc. — Capítulo cuatro: De los capones y las arcagüetas.

Agr. — Pase usté hojas, jasta er capítulo ocho.

Alc. — Ya está aquí lo que busco. La ley está muy terminante. ¡Por bia e los demonches! A tí te toca perdé. (Dirigiéndose al abr ador).

Todos. — ¿Cómo dise?

Labr. — Lea 'sté pronto.

Alc. — (Pausadamente y con la mayor solemnidad). Capítulo ocho: que pasen las poyas por medio e los chochos.

SOME EROTIC FOLK-LORE

FROM

SCOTLAND.

COURTSHIP

A GOOD deal of the courtship of the working-classes in the country was and still is carried on at night. The lover sets out generally after bed-time for the abode of his lady-love. On arriving he knocks gently on the window of her sleeping apartment, and asks admission. This is given, and both often go to bed together. The older songs allude at times to this custom. Thus:—

«Janet's awa' to her chamber,
As fast as she could go.
Wha's the first ane that tapped there
But sweet Willie, her jo.»

The chorus of another ditty is:

«Hey for Andrew, Andrew,
Hey for Andrew Car!
He gaed (went) to bed to the lass,
And forgot to bar the door;»

And the result was: —

«O it was Andrew Car,
O it was him indeed:
O it was Andrew Car,
Wha gat (got) my maidenhead.»

A song represents the lady-love as refusing to admit her lover as her father and mother would hear her open the door. Her lover asks her to get from bed and: —

«Oil the bands till they be weet»

and than he says: —

«And I'll come slippin' etc.»

The girl took the hint and the lover tells the sequel:

«She oiled the bands till they were weet,
And I geed (went) slippin' etc.»

and : —

«We dreeve the bottom oot o'the bed
The lassie leuked as her nose had bled
Till her mother heard the din etc.»

LOVE CHARMS ETC.

DIG up the roots of the orchis, that goes in some districts by the name of «bills baags» (bull's testicles), and to find out which is the new root, called love, the old one being called hatred, put them into water. The new root sinks. Let it be taken, dried, ground into fine powder and given in any convenient way to the person whose love is wished to be gained, and strong love is soon conceived for the one that administered the powder. If through oversight the old root is ground and used hatred is gendered.

Take two lozenges, cover them with perspiration and stick them together. Let them dry till they adhere. In this form let them be given to the one whose love is sought and the desired result will follow in due time.

If a man wishes a woman to become attached to him, he has to put on his hand some of his *semen*, and then shake hands with her so that part of it touches her hand. She will follow him to the world's end.

When a man is wholly careless of woman's love or even averse to it, his heart can be won by mixing some of the woman's menses with beer and giving the potion to him. The draught had to be given, in a dark coloured «cap» (a wooden bowl) to prevent the colour from leading to the suspicion that there was anything amiss. Hence arose the saying regarding a man marrying a woman to whom he was known at one time to have been averse: «He's gotten a drink oot o' (out of) the black cap.»

These charms must be performed without the knowledge of those whose love is sought. The love gained by these charms or by any kind of charms is dissipated by *jouissance de mariage*.

The streaks of a reddish colour that appear in the skin of the face of some women are looked upon as indication of their having enjoyed the embraces of a man before fully ripened womanhood.

The flattening of the grisle of the nose is regarded as proof that virginity has been lost.

Skate (R a i a) is believed to excite sexual desire as well as strengthen the generative powers. The writer of this article was present at a marriage among a fishing community when a fisherman went up to the bridegroom and presented him with a piece of the tail of a dried skate to the great amusement of the marriage guests. Hence the saying: «Skate to make you wanton.»

A small quantity of the powder of cantharides given to a woman excites an incontrolable desire for sexual pleasure.

If a man carrries on his breast the dried tongue of a toad no woman whom he solicits has she power to resist him.

Men and women with «red» or yellow hair are believed to be fonder of the delights of Venus than those of other complexions.

Men and women having thick necks are also believed to incline strongly to sexual pleasures.

Such a neck is called a «bull neck».

Thick lips in a woman is supposed to indicate desire for the male sex.

A large mouth in a female is indicative of a large vagina.[1]

If the privy parts of a man are larger than usual, he is said to be «horse-hung». Such a fact is looked upon as a sign of strong sexual passion.

It is believed that certain kinds of food and drink tend to increase both the desire for and the pleasure in sexual intercourse, such as milk, and oat-meal porridge.

Euphorbia helioscopia bears the name of pintle* wort, and is used by boys in rubbing the membrum to make it grow.

---

[1] [The same prognostication is also found in a medieval distich:

Noscitur e labris quantum sit virginis antrum:
  Noscitur e noso quanta sit hasta viro.   *Editor.*]

* The word is used in old Danish.
«Item Vt tua mulier non possit cum alio adulterari.
  Om thu wilt, at thijn quinnæ tachær æy annen man,
Tac barbe iouis os, oc smør thin *pintel thær mæth, oc

THE BEGETTING OF CHILDREN

IF a woman after enjoying the embraces of her husband turns and lies on the right side, she will conceive a male child, and if she turns and lies on the left, the child will be a female.

If the seed is left near the mouth of the womb, the offspring is a male; if the seed falls farther into the womb it is a female; and if the seed falls far into the womb there is no conception.

It is believed that some women have the power of throwing the discomforts of child-bearing on their husbands, but this is known only to themselves.

One mode is believed to be if the husband at the time of conception has been succuba.

When a woman has conceived, she at times longs for certain things to eat, and

---

lig thaghær mæth thijn quinnæ, oc thær æfter, mæthæn thu leuær, tha ma hun æy annen man nytæ.»

Det arnamagnæanske håndskrift Nr. 187 i oktav; indholdende en dansk lægebog udgivet og forsynet med en ordbog af Viggo Såby p. 94. København, Thieles Bogtrykkeri, 1883.

she is said to «green» for them. Unless her
longing is gratified, the child when born
cannot keep its mouth shut, and saliva runs
continually from its mouth. The mother
must call to mind what it was she longed
for but did not get. She then mentions it,
and it is at once procured, and put into the
infants mouth. Thus the malady is cured.

It is a common belief that a woman so
long as she gives suck to her child will not
conceive. It is not unusual for mothers to
continue to suckle their children for many
months hoping thus to avoid conception.

It is the belief that each woman is destined
to have a certain number of children. If
an unmarried woman has a child, it is not
unusual to hear it said she «cudna win by't»
i. e. she could not avoid it.

Great-care was always used to place food
in such a position as to prevent cats from
jumping across it. This was done in case
a male cat should spring over it and drop
semen upon it, for it was the belief that
every time a male cat sprang he emitted
semen. If one eat the food with the semen
in it, there was the risk of cats being bred
in the belly of the eater. There are cases
on record in which women that have fallen

with child out of wedlock have stoutly persisted that they were not with child, but had «cats in their belly.»

STORIES

A MAN and a woman were in each others embraces. The man was succuba. His yard began to enlarge and enlarge and lift the woman. When she was nearly reaching the roof she exclaimed:

«Farewell freens, farewell foes
For I'm awa to heaven
On a pintel's nose.»

A woman was dissatisfied with her husband's powers. She complained to some of her female married friends. They agreed to examine into the matter. The man was told he must exhibit what he had to a few matrons. He remonstrated, but in vain. He was however to be allowed to stand behind a screen and shew his symbol of manhood through a hole in the screen. The man in his difficulty asked the counsel of his clergyman. The clergyman undertook to get him out of the difficulty by presenting himself. Accordingly on the day fixed the matrons placed themselves on one side of the screen and the minister on the other. He put his virility through the hole, when one of the matrons cried out «That's the minister's; I ken't by the wart o' the point o't.»

A mistress was suspicious of her two sons casting an eye on her fair and fascinating maid. One day the two were busy at some work in company. The mistress became quite confidential and gracious with the maid, and at last asked her which of her sons she liked the best. The lassie in her simplicity answered: «I like baith the laddies weel enough; but commend me for a straucht (straight) stroke to your ain man (own husband).»

PROVERBES

IF wishes were horses, beggars would
ride;
If castocks were pintels, maidens would
stride.

A mouse can tak a ruck (a stack of
oats, etc.) on its back: spoken of a small
woman under a big man.

Daughters and dead fish are kittle keep-
ing wares.

Do as the lasses do — say No — but
tak it.

Greening wives are aye greedy.

He that has a bonnie wife needs mair
than twa een.

Lassies and glasses are brukle ware.

Lassies are like lambs legs; they 'll
neither saut nor keep.

Light maidens mak langing lads.

Nearer the bone the sweeter.

He that woos a maid must seldom see her, but he that woos a widow maun (must) doon (down) wi's breeks and at her; or:

He that woos a maiden maun come sel-
                    dom in her sight
He that woos a widow maun ply her day
                    and night.

She's a maiden as the man left her.

DICTONS ET FORMULETTES

DE LA

BASSE-BRETAGNE.

RETOUR A LA SANTÉ

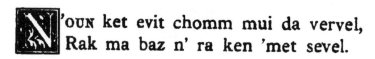N'oun ket evit chomm mui da vervel,
Rak ma baz n' ra ken 'met sevel.

Je ne suis plus près de mourir,
Car mon bâton ne fait plus que se dresser.

DICTONS

Or voéz a pe uè mèù.
Golla en alhué ag i rèù.

Ebria mulier
Clavem cunni perdit.

Diesa tra a zo er bed,
C'hoari ur plac'h gant ul lost kouët.

La chose la plus malaisée qui soit au monde,
(C'est de) jouer d'une fille avec une queue
                              tombée.

Tri zoull e deuz va mamm:
Toull ann tamm,
Toull ar bramm
Ha toull ann hibil kamm.

Trois trous a ma mère:
Le trou du morceau,
Le trou du pet
Et le trou de la cheville recourbée.

Wesk! eme ar Fustek,
Pa voa trouc'het lost he gazek:

— N'euz drouk e-bet, eme he c'hrek,
Pa ne ket ho hini 'zo trouc'het.

Crac! dit le Fustec,
Après avoir coupé la queue de sa jument:

— Point de mal n'y a, répond sa femme,
Puisque ce n'est la vôtre qui est coupée.

L'AMOUR AU VILLAGE

Gwechal, pa voan bihannik,
Me ' vouche da Annettik,
Ha brema, pa oun deut bras,
E raon un hanter muioc'h c'hoas.

Me o vont da tol va boutou ' kreiz ann ti,
Lammet er gwele davet-hi,
D'ober un elik da Zoue
Pe ur c'havalier d'ar roue.

Autrefois, quand j'étais tout petit,
Je becquetais la petite Annette,
Et, maintenant que je suis devenu grand,
Je le fais moitié plus encore.

Je vais jeter mes sabots au milieu de la
maison
Et sauter dans le lit auprès d'elle,

Pour faire un petit ange à Dieu
Ou un cavalier au roi.

DEVINETTE-CHANSON

Ann I gant ann oac'h,
    O Maria lonla,
Ann O gant ar vreg,
    Lan lura . . .
Ar vreg a astenn,
    O Maria lonla,
Ann oac'h a blant,
    Lan lura.

L'I avec le mari,
    O Maria lonla,
L'O avec la femme,
    Lan lura . . .
La femme étend,
    O Maria lonla,
Le mari enfonce,
    Lan lura.

L'I, c'est une pelle de boulanger, l'O, un pain ; la
femme étend le pain sur la pelle et le mari l'enfourne.

LE CHANT DU ROSSIGNOL

Me 'zo bet, bet, bet, bet e park al lueou;
me 'm euz gwel't, gwel't, gwel't, gwel't toull
ar vatez a ioa du, du, du, du, foutouillek,
foutouillek.

J'ai été, été, été, été dans le champ des
veaux; j'ai vu, vu, vu, vu le trou de la servante qui était noir, noir, noir, noir, frisé,
frisé.

CRITIQUE DES DEMANDES EN MARIAGE
RIMÉES

(Au lieu de s'escrimer pendant deux heures pour ne rien
dire, comme le font les discoureurs, ne serait-il pas plus
simple d'aller droit au but et d'appeler les choses par
leur nom ?)

Me 'zo deut d'ho koulenn
Abalamour d'ho moudenn,
Ha c'houi 'zeuio d'am heul
Abalamour d'am peul.

Je suis venu vous demander
A cause de votre motte.

Et vous vous déciderez à me suivre
A cause de mon pieu.

PROPOS DE COUTURIÈRE À MARIER

Tanfoultr ! biken marichal
Na foueto war va stall ;
Eur c'hemener martreze a vo,
Mar na sko ket, heon a vrocho.

Le diable m'emporte ! jamais marécha
Ne daubera sur ma marchandise ;
Un tailleur peut-être le fera,
S'il ne frappe pas, il embrochera.

AN EROTIC ENGLISH DICTIONARY.

Abbess, or Lady A. *A bawd.*

Academy, or pushing school. *A brothel.*

Ankle. *A girl who is got with child is said to have sprained her ankle.*

Armour, to fight in. *To use a condom.*

Aunt. *A bawd.*

Back gammon player. *A sodomite.*

Usher *or* gentleman of the back door. *The same.*

To Bagpipe — *a lascivious practice too indecent for explanation* [irrumare].

Basketmaking. *Copulation.*

Bawbles. *Testicles.*

Beard splitter — *a man much given to wenching.*

Beast with two backs. *Man and woman in coitu.*

Bite. *pudend. muliebr.*

Blower. *A whore.*

Bobtail. *A whore — an eunuch.*

Box the Jesuit and get cock roaches. *A sea term for masturbation.*

Brim. *A whore.*

Brother Starling. *One who lies with the same woman.*

Brush, to have a, with a woman. *Coitus.*

Buck-fitch. *A lecherous old man.*

Bumbo. *A negro name for pudend. muliebr.*

Buttered bun. *One lying with a woman that has just lain with another man is said to have a buttered bun.*

Buttock. *A whore.* — Buttock ball. *Coitus.*

Cat. *Whore.*

Cauliflower. *pudend. muliebr.*

Clicket. *Coitus.*

Cockalley *or* Cocklane. *pudend. muliebr.*

Coffeehouse. To make a coffeehouse of a woman's cunt; *to go in and out and spend nothing.*

Cooler. *A woman.*

Commodity. *pud. muliebr.*

Corporal — to mount a corporal and 4 =

onanism — corporal = *thumb* — 4 fingers = *privates.*

Crack. *A whore.*

Crinkums. *Pox.*

Cundum. *Dried gut of sheep, worn in coitu.*

Dock. *Futuere.*

Doodle. *Penis pueri.*

Dripper. *Gleet.*

Dry bob. *Coitus sine emissio.*

Dumb glutton. *Pudendum muliebre.*

,,   watch. *Bubo on groin.*

Face making. *Coitus.*

Fen. *Bawd or whore.*

Fireship. *Woman with pox.*

Flyer. *To enjoy a woman without going to bed.*

Frig, to. *Masturbare.*

Fuck. *Futuere.*

Game. *Whores.*

Gap stopper. *Whore master.*

Gigg. *Pudendum muliebre.*

To join giblets. *Futuere.*

Gingambobs. *Testiculi.*

Goats gigg. *Coitus.*

Gobble prick. *A lustful woman.*

Κρυπτάδια. II.   18

Old Hat. *Pudendum muliebre.*

Hooks, cunt. *Fingers.*

Horn colick. *Priapism.*

Huffle. '*A piece of beastiality — too filthy for explanation'.*

Hump, to. *Once fashionable word for futuere.*

Indorser. *Sodomite.*

Jock *or* Jockum cloy. *Futuere.*

Kettle drums. *Mammae.*

Knock. *Futuere.*

Ladybirds. *Whores.*

Larking. '*A lascivious practice that will not bear explanation'.*

Lobcock. '*A large relaxed penis'.*

Machine = *cundum.*

Madge. *Pudendum muliebre.*

Madge Culls. *Sodomites.*

Mantrap. *Pudendum muliebre.*

Mettle. *Semen.* — To fetch mettle, *onanism.*

Molly. *Sodomite.*

Mow. *Futuere* (Scotch).

Muff. *Pudendum muliebre.*

Nigling. *Futuere.*
Notch. *Pudendum muliebre.*
Nub. *Coitus.*
Nutmegs. *Testiculi.*

Peppered. *Infected with lues venerea.*
Plug tail. *Penis.*
Prick.   *id.*
Prigging. *Coitus.*

Riding St. George. *Coitus with woman up-
    permost.*
Roger, *penis* : to roger, *futuere.*
Running horse *or* nag. *Lues venerea.*

Screw. *Futuere.*
Strapping. *Coitus.*
Stroke, to take a. *Futuere.*
Strum. *Futuere.*
Sunburnt. *Clapped.*
Swive. *Futuere.*

Tallywags *or* tarrywags. *Testiculi.*
Thingumbobs.   ,,
Thomas, Man. *Penis.*
Tiffing. *Coitus.*
Token. *Lues venerea.*
Touch up. *Futuere.*

Wap. *Futuere.*
Whiffles. *A relaxation of scrotum.*
Whirligigs. *Testicles.*
Windwind passage, one who uses or navi-
    gates the. *A sodomite.*

From 'A Classical Dictionary of the Vulgar
Tongue' — By F. Grose, F. S. A. 1785.

TROIS CONTES ALSACIENS.

I

NIX YWWER Ä GUTE N'ANFANG

Z'LÉTSCHT synn d'r Härr Kyrchen'Yn-schpäkter au wydder ä mol ywwer Land g'synn, unn hänn dänn au d'Dorfschuel g'ynschpäktyrt. Noch dä n'érschte Kratz-fÿss, hét d'r Ynschpäkter dä Schuelmaischter ufg'fordert 'mm dä béschte vunn sine Schyler ze présädyre. Där losst glich dä dyke Jéri vormarschyre, unn do saht d'r Härr Yn-schpäkter zuem Jéri: «Nun, mein Lieber, wenn du Morgen's in der Frühe aufge-standen, was ist da wohl dein erster Ge-danke und dein erstes Thun?» D'r Jéri macht ä gross Paar Aue unn kratzt sich hinter de n'Ohre, schnüft awwer kain Wort.

Um ne n'uff dä Wäi ze brynge, «Nicht war, saht d'r Ynschpäkter, da ist es dein erstes Gott deinem Herrn zu danken und dein Gebet zu verrichten? — Näi, saht ändli d'r Jéri, do géw'i hinger t'Schier unn schiss.» Vor dissmol hét d'r Schuelmaischter dä Schtärne noch nytt kryjt.

(Traduction.)

LE TOUT EST DE BIEN COMMENCER

LA DERNIÈRE fois messire l'Inspecteur ecclésiastique étant de nouveau en campagne, vint aussi à inspecter l'école du village. Après les premiers salamalecs, il demande au maître d'école de lui présenter le meilleur de ses élèves. Le magister fait aussitôt avancer le gros George et l'Inspecteur dit à George : «Eh bien, mon ami, quand tu t'es levé le matin de bonne heure, quelle est bien ta première pensée, ta première action?» George roule de gros yeux, se gratte les oreilles, et ne souffle mot. Pour le mettre sur la voie, «n'est-il pas vrai, reprend l'Inspecteur, que ton premier soin est alors de remercier le Seigneur, ton Dieu, et de faire ta prière? — Non, répond enfin George, je vais droit derrière la grange et me mets à chier.» Ce n'est pas cette fois encore que le magister aura attrapé la croix.

II

BEGÄHR NYT YWWER D'NOTH

D'R NEJ Pfarer vunn Sankt Péter hét nyt nur d'Pfaréj vunn sim Vorgänger angeträtte, er hét au z'glich sini Wydfrau owedrïn genumme. Déss wysse n'r schunn. Wass'r awwer nyt wysse, ysch wie's zuegange ysch wo's druff unn dran ysch kumme, unn déss wyll ich i verzähle. Wo d'Frau also ym Bétt ysch g'schtäkt unn d'r Paschtor schunn t'Hosse üss gezeuje hét g'hét, het'r ang'fange, é'w'r zue're ysch g'schlupft, ains erunder ze bätte: «Herr, stärke mich! Herr, lenke mich!» Do hét sin Wiwel dä Kopf zuem Getych herüss g'schtrékt unn hét'm zuegeruefe: «Bätt nurr er soll d'r nä stérke; ich wurr d'r nä schunn länke.» Unn so ysch's dänn au g'schähn; unn vunn do kummt s' Sprichwort: begähr nyt ywwer d'Noth.

(Traduction)

NE DEMANDE PAS AU-DELA DU NÉCESSAIRE

LE NOUVEAU pasteur de St. Pierre n'a pas seulement succédé à la cure de son prédécesseur; il a encore pris sa veuve par-dessus le marché. Cela, vous le savez; mais ce que vous ne savez pas et ce que je vais vous apprendre, c'est comment la chose s'est passée quand il fallut en découdre. Pour lors donc, la femme étant déjà fourrée au lit, le pasteur, après avoir ôté ses culottes et avant de se glisser auprès d'elle, commence à défiler ses prières: «Seigneur, fortifie moi! Seigneur, dirige moi!» Mais aussitôt sa petite femme, sortant la tête des draps, lui crie: «Prie seulement qu'il te le fortifie; je me charge de te le diriger.» Et ainsi fut-il fait, et de là le proverbe: ne demande pas au-delà du nécessaire.

III

WAS YSCH RÉLIGION?

Z'LÉTSCHT kummt s'Nochber's sin Schangele — ä Déifel's Krott, die ywweral d'Nàs muess hann, wo sie nix ze duen hét — myr nix dyr nix durch t'Schlofschtub gerännt, wo grad s'Lüwisel, sini Schwéschter, so ä Bachfyschel yn dä Vyrzéh, s'Hämt schanschyre duet unn blutt naket do schtéht. S'Maidel losst a Schrai üss: d'r Schangele kauft au glich päch; lauft awwer schnuerschtrax zue sinere Mueter, unn, ym haisse n' Ifer, so wit'r sie erblyckt: «Awwer Mame, waisch? Dänck numme wass i gsähn hab! s' Lüwisel hét Hor am Büch!» Síe, um'm ébs ze saue, bryngt nix erüss als: «Fréili, waisch, s' Lüwisel hét halt jetzt Réligion bekumme», wass yn yrer Sproch, sie ysch üss'm Owerland, so viel haisse wyll als «s'ysch komfermyrt worre». D'r Schangele mérckt sich s' Ding, dänn bi dämm géht nix verlore. De Da druff, ym Exame, freujt d'r Pfarer: «Wass ysch Réligion?» Kainer vun dä Buewe schnüft ä Wort. Min Schangele awwer, där g'schéiter ysch, lupft glich dä

Finger yn t'hé. «Ze säh dü's dänn, saht d'r
Pfarer, wänn d'äs waisch: Wass ysch Réligion? — «Härr Pfarer, Hor am Büch!» —
Ob do d'Buewe g'schmolt hänn, freujt sich
nytt. Ball hätt d'r Pfarer sälwer g'schmolt,
hätt au gärn dämm Ding nochg'schpürt, hét
awwer g'schéiter gethon unn glich ä n'anderi
Kschicht angfange.

(Traduction)

AVOIR DE LA RELIGION

L'AUTRE jour, Jeannot, le petit du voisin
— un diable de crapaud qui met toujours le nez où il n'a que faire — se jette,
sans crier gare, dans leur chambre à coucher, juste au moment ou sa sœur, la petite
Louise, une fillette sur ses quatorze ans,
était en train de changer de chemise et se
trouvait nue comme la main. La fillette
pousse un cri, et Jeannot décampe. Mais
du pas il court tout droit auprès de sa mère
et, encore tout chaud, du plus loin qu'il
l'aperçoit! «Maman, tu sais! Pense donc ce

que je viens de voir! Louise a du poil au ventre!» Elle, ne sachant que répondre, ne trouve rien à dire que: «Eh oui! tu sais, Louise a maintenant de la religion,» ce qui dans son langage, elle est du Haut-Rhin, revient à dire, que Louise a été confirmée, qu'elle a fait sa première communion. Jeannot se tient la chose pour dite, car ce n'est pas lui qui laissera rien se perdre. Le lendemain, au catéchisme, le pasteur demande: «qu'est-ce qu'avoir de la religion?» Personne ne souffle mot. Mais Jeannot lui, qui en sait plus long, lève aussitôt le doigt. «Eh bien. réponds, toi, dit le pasteur, si tu le sais. Qu'est-ce qu'avoir de la religion? — Mr. le pasteur, c'est avoir du poil au ventre.» Si les gamins ont ri, il ne faut pas le demander. Un peu plus et le pasteur riait lui-même. Volontiers aussi il eût été au fond de l'histoire; mais il fit plus sagement et passa à d'autres propos.

LE POSKOČNICA,*
SORTE DE KOLO OU RONDE DES SERBES.

ETTE danse est toujours accnmpagnée
de chants plus ou moins obscènes,
mais comme la chose est admise par suite
d'une longue tradition, personne ne songe à
la proscrire. Il va dans dire que les jeunes
filles qui entendent ces couplets font sem-
blant de ne pas comprendre et il est caracté-
ristique que les parents, qui assistent parfois
à ces jeux, n'ont que des sourires pour ces

---

* Vuk dans son Dictionnaire traduit ce mot par
Cantus saltatorius. C'est, dit-il, une série de couplets
que le jeunes gens chantent à haute voix en dansant le
Kolo.

bizarres et licencieuses chansons; leur vigi-
lante prudence, si prompte à s'alarmer pour
bien moins en toute autre circonstance, se
laisse alors imposer par l'usage une trêve de
quelques instants. — La licence a même été,
à une époque, jusqu'à la témérité; car il
fut un temps où les begs turcs, alors seigneurs
des villages où les danses avaient lieu, hono-
raient le Kolo de leur présence; or il n'était
pas rare qu'ils entendissent de la bouche
des jeunes chanteurs des couplets injurieux
pour leur personne; non seulement ils ne
s'en formalisaient pas, mais il eût même
été contraire à l'usage et au bon ton de
garder le souvenir de paroles qu'en toute
autre occasion, les audacieux chanteurs
auraient peut-être payées de leur tête.

Vuk déclare, dans le passage cité, avoir
entendu lui-même à Jadar, les couplets ir-
révérencieux que voici, chantés en dansant
par des Serbes, en présense des Turcs assis
autour d'eux:

«Upa cupa, aujourd'hui demain
«Nos pieds sont à nous, la terre est aux
                                            Turcs;
«De cela les Turcs se soucient bien peu.
«Les puissants pachas mangent de la merde,
«Et les vice-pachas se pavanent.»

Outre ces couplets cités par Vuk, je possède, parmi mes manuscrits, un cahier contenant une centaine, au moins, de strophes du Kolo et d'autres du même genre, cahier provenant, soit dit en passant, des collections inédites de Vuk. N'ayant pas ce manuscrit sous la main, je cite les couplets qui m'ont été communiqués ici par une personne qui les a entendus en Serbie dans son jeune âge.

En voici le texte accompagné d'une traduction aussi littérale que possible:

I

S one strane Save
Dve devojke same
Jedna drugu pita
Svrbi li te pica:
Niti svrbi nit boli,
Veé se užegla pa gori.

I

De l'autre côté de la Save, il y a deux filles seules; l'une demande à l'autre: «Est-ce que le con te démange? — Je n'y sens ni démangeaison ni douleur; mais il est enflammé, il brûle!»

II

S one strane Kolubare
Sve su pice ko šubare

— — — — — — — —

II

De l'autre côté de la Kolubara

— — — — — — —

Tous les cons sont larges comme des
bonnets — — — —

— — — —

III

Čisti baba ulicu
Naprućila guzicu
Zaleće se tica kos
Te odgrize pici nos.

III

«La vieille balaie la rue; en se baissant,
son derrière s'est trouvé tellement exposé,
qu'un mâle est venu et a, d'un coup de bec,
enlevé le nez à son con.

IV

Sve se čudim i kamenim
Kako pica vodu drži
Nigde čepa ni obruča
Strmo glavu okrenula.

IV

«Je demeure pétrifié d'étonnement quand je vois le con retenir le liquide (l'urine); il n'a ni cercles ni bouchon et, par-dessus le marché son orifice regarde la terre. *

---

* Dans le Théâtre des Boulevards, Paris, 1751, il y a une énigme qui a quelquee analogie avec ce couplet: Qui a le ventre fendu et dont les tripes ne sortent pas? — Réponse: Les filles.

GLOSSAIRE CRYPTOLOGIQUE
DU BRETON.

Alc'houe, clef. L'expression *Ar bank enn tan na laker ket Dre ma ve ann alc'houe kollet* «on ne jette pas le coffre au feu pour en avoir perdu la clef», qui s'applique au second mariage d'une femme (Sauvé, 'Proverbes et dictons de la Basse-Bretagne', No. 409) est entendue dans un sens obscène par l'interlocutrice du «Clerc de Rohan» (Barzaz-Breiz), puisqu'elle lui répond: «Ta langue est gangrenée par l'impudicité». Mais l'allégorie n'a pas besoin d'être prise ainsi. Ce que le clerc ajoute dans le même passage «Une clef neuve, à mon avis, vaut bien mieux qu'une vieille clef» rappelle les paroles de la belle-mère jalouse de sa bru, dans la «Tour d'Armor» (Barz.-Br.): «Les clefs nouvelles, on les aime, ... pourtant les vieilles clefs sont les plus commodes.» De même dans ‘Ar marvailler brezounek' ... contes bretons receillis par MM. Troude et Milin, Brest 1870, p. 256, un prince, parlant en figures, désigne sa première amante par «une vieille clef», et la jeune fille qu'il était sur le point d'épouser par «une clef neuve».

Baleandès coureuse, prostituée, P. Grég.

Baʒ, membre viril: *ma baʒ ha ma ʒac'h*, Tréguier, littéralement «mon bâton et mon sac». Cf. Κρυπτάδια, II, p. 265; «le baston à un bout...», Rabelais, ‘Pantagruel', l. III c. 18; «du pacquet et baston», l. III c. 8.

Bek pointe, par allusion au membre viril, ‘Prov. et dict. de la Basse-Bret.', No. 67; cf. l'épithète de Priape, μονο-στόρϑυξ.

Bibich, membre viril. Trég.

Bitouʒen ou *bitousien* (3 syll.) fém., membre viril (Le Gonidec, Le Pelletier; cf. Κρυπτάδια I 360). Ce mot semble venir du v. fr. *vit = vectis*; cf. *babouʒ*, bave, du haut breton *bavoux*, baveux.

Boñbelen (*eur —*) verge des chevaux. Trég.; proprement, «battant d'une cloche».

Bonet. Dougen ar — forc'heg, porter le bonnet fourchu, être cocu. *Canaouennou grèt gant eur C'hernevod*, p. 23.

Bordell, lupanar, 'Catholicon' (XVe siècle); du français.

Bordeller, «scortator», 'Cath.'; plur. *bordelerienn evel chass*, luxurieux comme des chiens, 'Prov. et dict.' No. 964; du vieux français *bordelier*.

Bouc'h bouc. *Eur — Koz*, un vieux débauché. Proux, 'Bombard Kerne' p. 64; plur. *er bouhétt, déuéhatt de losquein* «les boucs qu'on n'a pas encore brûlés», dictionnaire vannetais dit de L'Armery, au mot *sodomie*.

Bouchon, masc. femme qui se laisse toucher indiscrètement, Trég. Cf. *ar bouchonnerez hac ar jeuïo daouarn*, les attouchements et les jeux de mains, 'Explication an doctrin christen', Guingamp 1838, p. 190.

Boufon. Ober-gant, ou *boufoniñ eur plac'h*, toucher une femme d'une manière inconvenante, Trég. Cf. *ar jeuio daouarn hac an oll bouffonerez*, les jeux de mains et toutes sortes d'attouchements, 'Expl. an d. chr.' p. 179; *ar boufounerien vrasa*, les plus grands débauchés, 'Introduction d'ar vuez devot' Quimper chez Derrien, 243.

Boullen, prostituée, Le Pell.

Bram masc., pet, mot commun à toutes les langues celtiques, sauf une légère mo-

19*

dification de la voyelle. C'est à tort que M. d'Arbois de Jubainville, 'Etudes grammaticales' 1881 p. 59 le tire d'une racine *bram* murmurer; ce mot, qui est en gaélique d'Ecosse *braim, breim, bram* (Dictionnaire de 'Neil M'Alpin'), au mot *fart*) est dérivé du verbe vieil irlandais *braigim*, gl. pedo ('Grammatica celtica' 2ᵉ édit. p. 429). Il est possible que *bram* soit identique au latin *fragmen*, cf. *fragor*, et en allemand *ausbrechen*, faire explosion; *Brechen*, vomissement. Le 'Catholicon' donne le dérivé *briminyat* péteux, qui a conservé l'*n* du suffixe, comme le pluriel cornique *bremmyn*. — Epithètes: ʒec'h, sec; *iac'h*, sain; *vour'lek = foerellek*, foireux, Trég.; *sugell* [aussi long que] la corde qui sert à amarrer le foin sur la charrette (Troude). On dit en pétant ou à quelqu'un qui pète: *Naontek!* dix-neuf; *Dapou ket hi vreur henañ*, il n'attrappera pas son frère aîné; *Tapet 'teuʒ er gwenn?* As-tu atteint le but? (le blanc, ici pour la chemise). Trég. ...*hep na reaʒ ʒo - ken na bramm na klemmadenn* (il fut tué raide) sans pousser ni pet ni plainte, 'Ar marvailler brez.' p. 166. Proverbes: *Da heul ar bramm E teu ann tamm*, après le pet vient le morceau; *Gand*

ar bramm ɀo méɀ, *Gand al louf ɀo c'houéɀ*,
litt. avec le pet est honte, avec la vesse
est odeur. Trég.

Brenn, merde; terme honnête (P. Grégoire).
Brenn signifie aussi du son (gallois *bran*,
anglais *bran*). En vieux français *bren*,
bran, avait les deux sens: «pet de boulanger, car le *bran* vient après». Ce mot
semble celtique. *Brennecq*, merdeux, P.
Grég. cf. *brenoux*, Rabelais.

Kac'hout, *kac'het*, cacare; mot commun
aux langues celtiques. De là en haut breton l'expression: il a fait *cahet de bragotte*,
cf. 'Revue celtique' V, 219, 220. On a en
breton le composé *kac'h-moudenn*, pro-
digue, litt. chie-motte; d'où *kac'h-mou-
denna*, prodiguer; litt. réduire (son bien)
en mottes, Troude. *'Nn hini 'neuɀ c'hoant
da derc'hen hi ihet*, *Zévet hi vri enn avel
pe ha de gac'het*. Celui qui a envie de
garder sa santé, qu'il lève le nez en l'air
quand il ch.., Trég.

Kaeɀourenn, diminutif *Kaeɀourennik*, les
parties.

Calch membre viril; *penn an calch*, prépuce,
'Cath.', gall. *caly*. = irl. *calg*, épée (Stokes).

Kall, *kell*, fém. testicule, irl. *caull*, gall.
caill; 'Cath.' *quell*.

Kalloc'h adj., (cheval) entier; écrit *cal-
louch* dans le 'Catholicon'; cf. irl. *caullach*,
gl. porcus.

Kaoc'h, koc'h, merda .... *a ioa eur pez
bern kaoc'h tomm enn he vragez*, qui avait
un morceau de m.... chaude dans sa
culotte (qui avait peur), 'Ar marvailler br.'
p. 100. *Kaoc'h ounn ganez*, je suis de la
m.... avec toi = je ne suis rien à côté de
toi (pour le travail), ibid. p. 100. *Lorc'h
gant koc'h*, de la vanité pour de la m....,
pour rien, Trég. *Koc'ha* ou *koc'h-kezeka*,
aller chercher du crottin de cheval; *koc'har*,
celui qui y va; homme de rien.

Karzañ hi skouarn curer son oreille, =
cacare, Trég.

Caymantes, Calimantes, Vann. coureuse, prostituée, P. Grég.

Kleuzenn. Koz —, vieille péteuse, Trég.;
de *kleuz* creux.

Kliant, un débauché. *Canaouennou....
eur c'hern.* p. 23, 26, 33.

Clun fesse. 'Cath.'

Koatat, faire la cour; *coire*. Trég.

Koñfitur, synonyme de *Kaoc'h* (dans un
pot), Trég.

Korf. Euz ma c'horf n'on ket pec'heres

je ne suis pas pécheresse de mon corps
'Gwerziou Breiz-Izel' II, 74.

Kornauk (*avel —*) vent d'ouest; vesse,
Troude.

Korniec, cornu (cocu) — *evel eur ç'haro*,
comme un cerf. *Canaouennou . . . eur c'hern.*
p. 12, 16; cf. *dougen ar c'hernio*, porter
les cornes, p. 14.

Corqès, coureuse, prostituée, P. Grég.

Koukou, Miret ho neiʒ deuʒ ar goukou, gar-
dez votre nid contre le coucou (Barzaz-
Breiz, La tour d'Armor); expression qui
rappelle les vers élégants de Delille sur
ce sujet.

Courʒ, cunnus, 'Cathol.' En gall. *croth;*
M. Stokes a rapproché ces mots du grec
χϱυπτός caché, d'où *Κϱυπτάδια*; cf. *Κοιλίας*
χϱυπτῷ χενεῶνι χλιϑείς == *Ventris obstruso*
recubans cubili (Hymne à Sᵗ. J. Baptiste),
ψαλτήϱιον . . . τοῦ Δαβίδ, exhibet . . . Suere
Du Plan, Paris 1786, p. 170.

Koʒ-viret: . . . diloueded merc'hed koʒ-viret,
(le chemin de fer a) démoisi bien des
vieilles filles, 'Bombard Kerne' p. 44.

Kroc'hen, f. (peau), prostituée, Trég.

Charlesenn, pl. *ed*, courtisane, P. Grég.;
vesse (Troude).

Chatalèreʒ, bestialité, P, Grég.

Chaus (sauce), m .... Trég.

C'hoant plac'h, litt. «désir (d'une) fille».
Te 'ʒo 'c'hoant plac'h bete gwenno da daoulagad, litt. «tu es en désir de fille jusqu'aux blancs de tes yeux». *Baraill a naon, baraill a ʒec'het, Baraill 'c'hoant plac'h da gousket* «bâiller de faim, bâiller de soif, bâiller de désir d'une fille pour dormir», Trég. On dit de même *c'hoant potr* «désir de garçon» en parlant des femmes galantes; ces expressions triviales sont imitées de celles qui désignent les animaux en chaleur (cf. 'Rev. Celt.' IV 149).

C'hoari eur plac'h, jouer d'une fille, Κρυπτάδια I 266, cf. *c'hoarieres* (joueuse), courtisane, 'Rev. Celt.' IV 149.

C'houistell, «membre viril», litt. «flûte», Trég.; cf. *sutell*.

Daméséle-public, courtisane, L'A. (fille publique).

Daoulagad, yeux. *Ha c'houi beteg ho taoulagad Braʒes deus eur c'hokin bennag.* Et vous, jusqu'à vos yeux enceinte du fait de quelque coquin ('Gwerziou Breiz Izel'). Voy. *c'hoant plac'h* et *reor*.

Debocher merc'hed, débaucheur de filles, 'Gwerziou Br. Iz.' II; le P. Grég. donne *dibaucher*, Vann. *dibauchour*, fém. *dibau-cherès.*

Des dean 'ta; des dei 'ta, litt. «viens à lui, donc! viens à elle, donc!» cris pour exciter deux amoureux, 'Explication an doctrin christen' p. 180. *Zello deudik* regards engageants, Trég. Ce mot *deud-ik* est un impératif pluriel au diminutif (cf. 'Rev. Celt. IV. 157), qu'on peut rendre approximativement par «venez, petite», ou «petit».

Diadre, diadren, etc., le derrière; plur. *diadreyou*, P. Grég. On dit aussi *ar penn adren*, «le bout de derrière», Trég.

Digoc'her saout, — *Keʒec*, litt. «démerdeur» de vaches, de chevaux ('Chanson an dançou' chez Lédan, p. 4).

Direoret = é-culé. *Eur pot* —, un pot défoncé, Κρυπτάδια I 362. *Ma n'en eus ket ʒe, 'tirerou* (il en a tant d'envie que) s'il ne l'a pas, il perdra son c.., Trég.

Dishonest, déshonnête; *dishôn̄mestiʒ, dishôn̄nested*, P. Grég., impudicité.

Dogan, pl. *-ed*, cocu; *dogani*, cocufier, 'Mélusine' I 551. Dans le 'Catholicon' *dogan*, verbe *doganaff*. On trouve ce mot écrit *daougan*, par exemple chez D. Le Pelletier, mais peut-être par suite d'une préoccupation étymologique. *Neb ʒo dogan hag a oar A ielo d'ar baradoʒ raktal* celui qui est cocu et qui le sait, ira au paradis tout droit, Trég. Cf. J. B. Rousseau, épigramme 38 du livre IV: «Epousons donc puisqu'il faut, dit le peintre, Etre cocu pour gagner paradis»; et Sauvé, 'Prov. et dict. de la Basse Bret.', No. 456.

Dournatérésiou, attouchements. Le Gonidec, 'Katekiz historik' p. 85.

Eac'h, excrément, terme honnête, P. Grég. C'est un mot enfantin, qui répond à «caca» et qui se prononce *ec'h* en Trég. Le Gonidec donne aussi la forme *ac'h*.

Failhançʒ, excrément, t. honnête, P. Grég. Probablement du franç. *faillir*, cf. *défaillance*. Voy. *fell*.

Fall, mauvais, dans les expressions adoucies *plac'h fall*, plur. en Vann. *fall-virhiet*, mauvaise fille; *leac'h fall*, mauvais lieu ('Ar c'henta miz Mari', 2ᵉ éd. p. 48).

Fardell, membre viril, Trég. Du français *fardeau*, qui s'emploie en ce sens dans les mêmes localités.

Fell, excrément, t. honnête, P. Grég. cf. *failhançʒ* et le br. *fellell*, faillir.

Feskenn, f. fesse; du français. Pour le *k* inorganique, cf. *lousken*, féminin de *lous*, sale. Vann. *fêsseenn*, L'A.

Feumeulenn, plur. *-o*, (femelle) «porte» en terme dc couturière, objet dans lequel entrc le crochet appelé *mal*, Trég.

Feur de gas, foire, colique, Trég., litt. «foire à mener», c'est-à-dire «qui fait aller, qui fait courir»?

Fieʒ glaʒ (figues vertes), crottin de cheval. 'Bombard Kerne' p. 30. Les bouses de vaches s'appellent *mouded - glaʒ*, mottes vertes, Troude.

Fleriadenn, courtisane, litt. puanteur ou femme puante, cf. *louvigeʒ*.

Fluterik ann douar, vesse-de-loup (P. Grég., Troude), mot-à-mot, probablement, «petit vesseur de la terre». La syllabe *flut*, avec quelques variantes, a en breton des sens fort divers: 1o. *flud*, sottises ou mensonges ('Mari beg a rog', 3e couplet); *vlu-tach*, contes, choses insignifiantes; *vlutañ koñcho*, faire des contes ('Rev. Celt.' IV 169), cf. *Piou 'neus fluted ar ʒon neveʒ*, Qui a fait ce chant nouveau, 'Bombard Kerne' p. 44; *fleuden*, femme qui a une mauvaise langue, *fleudenna* médire, etc., D. Le Pellet.; 2o. *bastarded ... fluted e*

Gall, bâtards mis bas en pays français, 'Bomb. K.' p. 4, cf. 72; 3°· *e vez flutet digueneoc'h ar pez o p'eus gounezet,* on vous enlève, on vous soutire ce que vous avez gagné ('Ar viriones d'an artizanet', Landerneau 1849, p. 13); 4°· *fluterik ann douar;* 5°· *c'hoari flut* jeu de cartes assez semblable au vingt-et-un, Troude; on dit en Trég. *c'hoari flu,* sorte de brelan; 6°· *flaut* sonde à beurre, Troude; *vluten* bec de cruche, Trég. Cf. français *flûte,* anciennement *flaüte; fluterik ann douar* rappelle fort le mot *flatuosité* qui dérive de la même racine que *flûte.*

Foeltr et *foultr* «fouldre, lat. *fulgur*», 'Catholicon'. Ces mots s'employant dans des jurons, ont été, je croi », confondus avec *foutraff,* du franç. *foutre,* lat. *futuere,* 'Cath.'; il en est résulté une classe de mots hybrides qui tiennent de *fulgur* pour la forme et de *futuere* ou plutôt de *foutre* pour le sens: *foultra var o gueno* «leur foutre sur la gueule», *Canaouennou gret gant eur c'hernevod,* St. Brieuc, 1838, p. 6; *foultra Pocquo dar voeren, poquo dar merc'het,* «foutre des baisers au verre, des baisers aux filles», ibid. p. 18; *foeltra e gorf ac e zillad,* abîmer son corps et ses habits, ibid. p. 4; *divoeltrañ*, déchirer, Trég.: *foeltr-boellou*, grand gésier, 'Bomb. K.' 64; *foelt-biken*, *tan-foeltr-biken*, du diable si jamais (avec un futur); *Na ʒe-brjent birviken foeltr tamm krampoeʒ fritet* ils ne mangeraient jamais aucun morceau de crêpe frite ('Al louarn castizet', par Yves Tanguy); *tanfoëltra* jeter violemment, foutre par terre, 'Can. ... eur c'h.' 13; *hanval deus bordou eur pot cambr eo he diou foeltren muʒel* ses deux énormes lèvres ressemblent à des rebords de pot de chambre, ibid. 12; *eur pes foultren asied*, une énorme assiette, 'Mari beg a rog', chez la veuve Le Goffic, Lannion, 2ᵉ couplet; *eur foeltremmik gougad*, un sapristi de coup de gueule, Trég. etc.

Fons, le fondement, le derrière; du franç. fonds. Le P. Grég. donne à ce mot un pluriel en *ou*, Vannetais *ëu*.

Foutraff, du franç. *foutre*, 'Cath.', voy. *foeltr*.

Foutrailleʒen! sorte de juron, ('Sermon Michel Morin', chez Lédan, p. 43); du fr. *foutre*.

Foutu e, il est fichu, il est perdu, Trég.; terme moins bas en breton qu'en français.

Fouʒaff, du lat. *futuere*, 'Cath.'

Fraës, le derrière, en bas Léon (P. Grég.)

Fraskell, f. pet foireux, traînant, Troude.

Friponell, f. coquette, Vann., Troude.

Friʒenn, f. (crevasse d'un mur), fille de mauvaise vie, Troude.

Frota, frotter. *Pa frote eur plac'h all*, quand il caressait une autre fille, 'Can... eur c'h.' p. 24.

Frouguein, fronguein, pisser, en parlant des animaux; *frougadell, frugadell, frigadell*, pissat, et, improprement, urine de l'homme. Vann. P. Grég. M. Troude donne *froug, frouk*, m., urine, pissat; *frougadell*, f., trou où tombent les urines des bestiaux, Vann.

Gadal, adj., luxurieux, obscène; *gadales*, «folle femme», 'Cath.', plur. *ed*, P. Grég.; *plac'h gadal*, id., P. Grég.; *gadalereʒ*, f., lubricité, 'Kanaouennou santel' St. Brieuc 1842, p. 196; *gadêleʒ*, impudicité, P. Grég. Cf. *gadaleʒ*, 'Cath.'; *gadalus*, 'Cath.', luxurieux.

Gagn et *kagn*, f. (charogne), prostituée: *map-kagn*, fils de p.; plur. *ou*.

Gast, f.; plur. *gisti*, prostituée; *mab eur c'hast*, plur. *mipien gisti*, fils de p. En gallois *gast*, plur. *geist*, chienne; en irlandais *gast*, vieille femme, sorcière (glossaire d'O'Cléry). *Honnez zo gast lañn hi c'hroc'hen*, elle est garce plein sa peau, Trég. Le P. Grég. donne le composé hybride *gast-puteen* et l'expression *mil-gast*, double p., litt. mille p. On forme de ce mot les dérivés *gastach*, minauderies, manières affectées, Trég.; *gastaoui*, putasser; *gastaouer*, Vann. *gastaour*, putassier; ces derniers supposent à côté de *gisti* un autre pluriel **gastou*; Vann. *gastereah*, prostitution, L'A.

Gedon penn-gwenn, lièvres à tête blanche, = jeunes filles dans les champs (en terme de chasseur) 'Bomb. K.' 52; cf. *eur c'hadik penn-gwenn*, un petit lièvre à tête blanche, 'Barzaz Breiz', La filleule de Du Guesclin, § III, et voy. *glujeri*.

Gloc'horenno, pour *Klogorenno*, ampoules, désigne une maladie secrète, 'Can ... eur c'h.' 30.

Glujeri koefet, perdrix coiffées, = jeunes filles dans les champs, en terme de chasseur 'Bomb. K.' 52. *Glujeri* est pour *Klujeri*. Cette expression se dit en français.

Gouhin, plur. *ou*, courtisane, P. Grég.; du franç. *gouine*, cf. provençal *godineta*, dont on a rapproché le gallois *godineb* forni-

cation et le vieil irlandais *goithimm*, futuo
('Grammatica celtica' 2e éd. p. 13).

Gouis, pl. *i* (truie), putain, Trég. (P. Grég.);
d'où *gouisaer*, putassier, ibid.; voy. *tourc'h.*

Goujardès, pl. *ed*, une gouge, P. Grég.
C'est le féminin de *goujard*, goujat.

Groillenn (*l* mouillée), femme de mauvaise vie, Troude.

Groll (truie qui a des petits), femme dé-
braillée, prostituée, Troude.

Gruec foll, femme folle [de son corps],
'Cath.'

Hadrêr, «faux-cul», tournure des dames,
Trég.

Haillebodenn, prostituée, Troude; Le
P. Grég. écrit *cailhebodenn*, pl. *ed.* C'est
le féminin de *haillebod*, *haillevod*, mauvais
sujet, Troude.

Heyɣès (biche), femme impudique. P. Grég.

Hibil cheville, par allusion au membre viril:
— *Kamm*, — recourbée, Κρυπτάδια I 266;
— *soun*, dressée, Sauvé, 'Prov. et dict.',
No. 479.

Hilliga he morɣed d'eur plac'h, litt. cha-
touiller la cuisse d'une fille, Troude; cf.
e c'harlinquas din ma morɣet, il me chatouilla la cuisse, 'Can... eur c'h.', p. 28.

Houlier, franç. id., lat. *leno* 'Cath,'; plur. -*ien*, fém. *houlyerès* pl. *ed*, P. Grég.

Ialc'h, bourse, *scrotum*, Κρυπτάδια I 36ι.

Iann, *Iann-Iann*, *Iannik-Iann* (Jean, Jeannot), sobriquet des cocus. Sauvé, 'Prov. et dict.' No. 451.

Impudicationou, impudicités, 'Chanson an dançou' chez Lédan, p. 4.

Insolantach, chose inconvenante, 'Explic. an doctr. chr.' 180.

Jalgaudétt effrontées, femmes débraillées (L'A., s. v. *débrailler*).

Jañeik, membre viril, Trég.; diminutif du franç. *Jean*.

Jufere, *chufere* (hydromel), *podad —*, pot plein de m.... Trég.

Lañdreger, le derrière, Trég., litt. «Tréguier».

Liboudenn, f. «fille ou femme coquette, en mauvaise part», Troude; cf. *libouden* 'Guiziou ar vro', Landerneau, s. d., p. 9: plur. -*et*. Le sens premier semble «chiffon, guenille», cf. 'Rev. Celt.' IV 161.

Libous, «m. V(ann.) Noir de fumée détrempé, et par extension, salope, terme injurieux pour une femme», Troude. En

Κρυπτάδια. II.   20

Trég. *libouȝ* et *liboust* ont d'autres sens analogues ('Rev. Celt.' IV 161); c'est aussi le liquide épais que rend une vache qui vêle; = Cath. *liuoes*, mousse d'eau ou d'arbre.

Lik, adj., lubrique.

Loeniach, m. bestialité, Troude; *loëȝnyaich*, P. Grég.

Lost, queue, dans le sens du 'caudamque salacem' d'Horace: *eul lost kouët*, une queue tombée; — *trouc'het*, — coupée, Κρυπτάδια II, 266.

Loudourenn, courtisane; proprement, salope, Le Gonidec; plur. -*et*.

Louf, Vann. *lou*, vesse; *loufat*, Vann. *louein*, vesser, *ki louferik*, chien de dame, litt. petit vesseur; *loufadenn*, f., vesse. Cf. *loufée*, «vapeur qui s'échappe de l'estomac,» 'Dictionnaire rouchi-franç.' par G. A. — J. H., 2e édit. Paris 1826. *Kemener*, *Pik hi viȝ*, *louver*; Tailleur, pique-son-doigt, vesseur! Trég.; *louf-torchen*, qui vesse sur son coussin, sobriquet des tailleurs, Trég. De là aussi en Vann. *louvec*, un fat, plur. *louviguet*; *louviguès*, prostituée, *louviguiah*, prostitution; *louviguiahein*, prostituer; *louvidiguiah*, fadaise, L'A.

Lukan penn-pignon, le derrière, Trég.;
litt. «la lucarne du bout du pignon.»

Mal plur. *o*, m., (mâle), petit crochet qui
s'adapte dans la «porte», en terme de couturière, Trég.; Voy. *feumelenn*.

Mam (mère): Vann. *er vam à goff er fu-
mæll*, f., vulve, L'A.; en Léon. *mammou*,
matrice, P. Grég.

Marc'h sailler, *m. antier*, *m. jervich*,
cheval entier, étalon, Trég., par opposition
à *marc'h labour*, cheval de travail. Voy.
kalloc'h.

Mard est donné par le P. Grég. comme
ayant signifié *merda;* il viendrait du français. Le même auteur donne aussi comme
usité *fouilh-mard*, escarbot, ou fouille-
merde; et il tire de *mard* le mot *mardos*
«saleté d'argile qui, au temps de pluie,
coule le long d'un parois blanchi», cf.
'Rev. Celt.' IV, 162. Ce mot *mardos*, en
certaines localités de Léon quelquefois
mordoz, suie, paraît plutôt identique au
gallois *marwydos*, cendres chaudes; mais
il a porté la peine de sa ressemblance
fortuite avec *merda;* de là l'emploi de
mardoz dans le sens de *Kaoc'h* ('Feiz ha
Breiz' du 26 avril 1884, p. 131); cf. *mar-*

20*

dosi. salir de merde, *mardosus.* merdeux,
P. Grég.

Marmous (singe), et *mounicqa* (guenon),
personne impudique, P. Grég.

Martinik, petit Martin, mot local synonyme de *Janeik?* 'Rev. Celt.' IV 66.

Merc'heta, courir les filles; *merc'hetaer*,
coureur des filles, = *potr ar merc'het*,
'Prov.' No. 5o2.

Milin, prostituée; *milintric*, fornication, v.
bret.

Mon, merde, terme honnête, P. Grég.

Morik (petite mer): *ober* —, faire pipi: t.
enfantin, Trég.

Moudenn (motte), *cunnus*, Κρυπτάδια I 36o;
II 269. C'est probablement une figure du
même genre que celle qui a lieu dans le
proverbe *Kentoc'h e skuiz ar freill evit
al leur*, le fléau se fatigue plus tôt que
l'aire (en parlant des rapports conjugaux)
'Prov. et dict.' p. 10.

Mours, m. Vann. merde, P. Grég.; étron,
Troude.

Mouz, m., Vann. vesse; Léon. *mouez*,
mauvaise odeur; *mouzein*, Vann., vesser,
Léon. *moueza*, sentir mauvais, Troude.

Munudeik (menu): *ober* — *d'eur plac'h*,
«coire cum muliere», Trég. Probablement

analogue à l'expression enfantine «faire son mince» = uriner, par opposition à «faire son gros».

Naplès, mal vénérien, P. Grég., D. Le Pellet., litt. mal de Naples.

Neudennein, pisser, litt. lancer un filet (d'eau), Treg., 'Rev. Celt.' IV 163.

NoƷ, arc'hañt goneet en —, argent gagné la nuit, *pretium stupri*; on dit d'un enfant: *Ne ket gret vall, 'vit tam labour noƷ.* ce n'est pas mal fait, pour un travail de nuit, Trég. Cf. dans les œuvres de Shakspeare *Périclès*, acte IV, sc. 6, 'do the deeds of darkness'.

Ober, faire. *Gred Ʒou d'ei 'vel ve gred d'ar re all*, on lui a fait ce qu'on fait aux autres, se dit d'une femme enceinte, Trég.

Oblijet. Da bed ac'hanoc'h 'vin —? A combien d'entre vous serai-je obligée? demande une jeune fille prisonnière, 'Gwerziou Breiz-Izel', I, p. 350.

Officyal pl. *ou*, urinal, pot de chambre, P. Grég.

Orach (orage), *beañ en* —, être en humeur galante, Trég.

Orged, m. amour luxurieux; d'où *orgeder*, un débauché; *orgedereƷ*, femme débauchée,

Troude; *oriad*, pl. *ed*, débauché; fém.
oriadès, pl. *ed; oriadez*, débauche, P. Greg.
Orin, urine; *ormal* urinal, 'Cath'.

Pabor, chardonneret: *nos quentâ e heuret*
Digoret franq dor ar gaouët Ac éd ar
Pabor gant al laër, 'Can... eur c'h.' 23.
cf. L'époux, quelle disgrâce! De l'«oiseau»
qu'il cherchait N'a trouvé que la place
(Béranger).
Paillart , 'Cath.', paillard; *pailhardyaich*,
pailkardyez, Vann. *pailhardiah*, paillardise;
pailhardi, Vann. *pailhardeim*, paillarder, etc.
P. Grég.
Panerok adj., débauché, mot ancien, selon
Troude.
Park, champ. *Bed e 'park rog hi lein*,
elle a été au champ avant son déjeuner,
se dit d'une femme qui accouche d'un
enfant venu à terme, avant neuf mois de
mariage, Trég.
Pastel hi rer, ou *pastel toull hi rer*, m.,
sa fesse, Trég.
Pautrès, pl. *ed*, courtisane, P. Grég.; fém.
de *pautr*, garçon; il est arrivé à ce mot
la même mésaventure qu'au franç. *garce*.
Mais *pautrès* n'est pas toujours pris en
mauvaise part.

Paχ (toux), pet, en t. honnête; avec l'article, *ar pas* et *ar baχ*, P. Grég.

Péañ hi ôtro, aller à la selle, litt. payer son maître, Trég.

Pelletenn, coureuse, prostituée, P. Grég.

Penn-pautr, garçonnière, P. Grég., litt. tête de garçon.

Peñs fesse, du français; c'est, par conséquent, un doublet de *fesken*. Il semble que cette forme *peñs* vienne d'une fausse analogie: d'après *ma fenn*, ma tête, de *penn*, on aura formé *peñs* à cause de *ma feñs*, ma fesse. Pour la nasalisation, comparez *beñs*, de la vesse.

Peul (pieu), membre viril, Κρυπτάδια II 269 (cf. les comparaisons, ibid. I 48, 86).

Peχ pièce; *T'eus ked a véχ, Gwelet da rer en daou beχ!* Tu n'as pas de honte, De voir ton derrière en deux morceaux! Trég. *Peχ ler*, prostituée, litt. pièce de cuir (peau, cf. *scortum*). On dit par euphémisme: *Ar re χe χou di... peχ a joñjañ*, ces personnes sont deux .... ce que je pense (suffit, je m'entends), Trég.

Pik, pie. *Ar bik a grog em he skouarn*, la pie lui pince l'oreille, = il (ou elle) a envie de se marier; cf. 'Bomb. K.' 90.

Piden ou *biden*, f., pl. *ou*. Le Gonidec,

membre viril. Selon le P. Grég., ce nom ne s'appliquait qu'aux petits garçons. D. Le Pell. ajoute (s. v. *pit* ou *pid*) qu'on ne l'employait pas pour les bœufs; il cite le gall. *pidyn*, «mentula», d'après Davies.

Piset, pisser, Trég.; Vann. *picʒet*, en parlant des animaux, P. Grég. *Eur pod piser*, un pot de chambre, *bokedo pis-toutou* des fleurs de pissenlit, Trég.

Pitou, m., débauché, 'Can... eur ch.' 11; écrit avec une majuscule p. 29. *Pitaouer*, id. p. 30; cf. 'Rev. Celt.' IV 165.

Porc'hel lovr, impudique, litt. pourceau ladre, P. Grég.; cf. *tourc'h*.

Praticien 'Can... eur c'h.' p. 30, synonyme de *pitou*; mot souligné probablement parce qu'il est tout-à-fait français.

Puffericq an doüar, vesse-de-loup, P. Grég, cf. fr. *pouffer*, gall. *pwffio*.

Puteen, pl. *putened*, P. Grég.; Vann. *puténe*, pl. *puténéʒétt*, L'A. (s. v. *garce*), du franç. *putain*.

Qyès lupr, *qyès sautr* (chienne en chaleur); *qyès-vleyʒ* (chienne de loup) et *bleyʒès* (louve), femme impudique, P. Grég. voy. *ki* et *gast*, et cf. latin *lupa*, d'où *lupanar*.

Rampennet, *coz —*, vieilles bégueules, 'Can... eur c'h.' 4, 11; de *rampa*, glisser? Voy. *riskla*.

Rañgouill, coq à demi-châtré; *rañgouilli*, châtrer à demi, Troude.

Ras-paotr, m., garçonnière, Troude.

Rebeutenn, double putain P. Grég.; du fr. *rebut?*

Rederès ar bautred, coureuse de garçons, P. Grég.; Vann. *rideréss*, *ridouréss*, coureuse, garce, L'A.

Reor, *revr*, *refr*, *rer*, cul; quelquefois *cunnus*. *Rer brein* cul pourri, injure à un péteur. On dit aux péteuses: *Mam goz ann avel gré Hag hi rer adré*, grand-mère de l'orage, qui a le cul par derrière. Pour les excuser: *Lez 'nei de vramet, p'en e gwir 'mañ hi rer ganthi; n'a ket d'añ-prestein rer den ebet!* Laisse-la péter, son cul est à elle, elle ne va pas emprunter celui d'un autre. *Krog e bram 'n hi rer*, le pet est pris dans son cul, = il a grande hâte, ou grande émotion. On dit encore dans le même sens: *'bad ket hi rer*, son cul ne dure pas; *dond rei hi rer* (ou *hi foñdamañt*) *oar amm tu gin vel eur c'houe-zegel*, ou *vel eur bouton koko*, son derrière va se détourner comme une vessie, ou comme un bouton de *coco* (= nombril). *Fenn e gant me rer klevet ânout*, ce que tu dis fait rire mon cul, expression de dédain qui rappelle celle des Hauts-Bretons: «Tu me fais ch...». *Beañ daou benn daou rer*, litt. être deux têtes deux culs, se dit, par exemple, de deux animaux qui sont couchés en sens inverse l'un près de l'autre. *Na bonjour, na bonsoir, na fri ma rer* (il est parti sans dire) ni bonjour ni bonsoir, ni (mets ton) nez (dans) mon c..; l'expression complète est *bout da fri 'n em rer*, beaucoup de Hauts-Bretons ne savent que cela en fait de celtique. *Eur wech 'oa unan Hag hi rer enn tan; Penôz e padje Med daou rer 'n ije?* Il y avait une fois quelqu'un qui avait le cul dans le feu; comment aurait-il duré, à moins d'avoir deux culs? *Daoulagad glas Ha da gousket 'rer ar c'has* (ou *'voñs eur was*); *Daoulagad rouz Ha da gousket er baradouz; Daoulagad gwenn Ha da gousket 'rer 'menn*, Yeux bleus vont coucher dans le cul du chat (ou au fond du ruisseau); yeux roux vont coucher au paradis; yeux blancs vont coucher dans le cul du chevreau. Dérivés: *rerad*, plein le cul; — *koc'h*, de merde, Trég.; *reoraich*, merde (burlesque) P Grég.; adj. *reorek*, de cul, 'Rev. Celt.' IV 70.

Rèu, Vann. *cunnus* (Κρυπτάδια II 265).

Ribaud, fém. *ès*, ribaud, ribaude P. Grég.

Riskla (glisser, risquer): *Ar verc'h a risgo he c'hroc'hen*, la fille aventurera sa peau, 'Can... eur c'h.' p. 30; *risqla*, p. 22; *risqa* p. 24, absolument, tomber, en parlant d'une femme; *eur risquerez coz* p. 23. une vieille débauchée.

Sac'h (sac), scrotum. Voy. *baz*.

Savaich, sauvage; *an avyel* — (l'évangile sauvage), paroles impudiques, P. Grég.

Skign monstre qui naît d'une femme et va aussitôt se cacher sous le lit; il ne faut pas se faire scrupule de le tuer, disent les Bretons (Trég.). Cf. Vann. *skignan*, *chignan*, grenouille.

Sklokeres (glousseuse), vieille péteuse, Trég.

Serc'h pl. *ed* et *o*, Trég.; concubine, P. Grég. *Serch*, «concubinarius», 'Cath.' M. Troude donne *serc'herez*, concubinage, *serc'hiñ* vivre en concubinage; Davies, cité par D. Le Pelletier, bret. *serch*, «concubina, concubinarius». On trouve *serc'heg*, l'amant, dans le 'Barzaz Breiz' (La submersion de Keris). Vieil irlandais *serc*, amour, cf. στέργω.

S o d o m a d pl. *sodomidy*, sodomite, P. Grég.; fém. *sodomênn*, *mærh à Sodom*, tribade, L'A.; *sodomyaich*, *pec'hed Sodoma*, sodomie, P. Grég.

S o t, adj., impudique, en parlant des choses; *sotonyou* (sottises), choses impudiques, P. Grég.

S o u d a r d è s pl. *ed*, ou *gast soudarded*, une gouge, P. Grég.; fém. de *soudard*, soldat.

S p a ɀ, châtré; *spaɀa*, Vann. *spahein*, *spaouein*, châtrer; du lat. *spado*.

S t a l: Pak da stal, ferme ta brayette, litt. ramasse ta marchandise, Trég.

S t a u t, pissat; *stautet*, pisser, 'Cath.' En parlant des animaux: *staut* se dit improprement de l'urine de l'homme, P. Grég. *Lousaouen - stauter*, *bokedou stauter*, le pissenlit; sa fleur. P. Grég. *Stautiguenn*, pissat; *stautiguell*, creux plein de pissat; *stautiguellat*, pissoter, P. Grég. M. Stokes a comparé avec raison l'anglais *to stale*.

S t r a k l, pet; t. honnête, P. Grég.; *strakal* péter; cf. 'Bomb. K.' 36, où l'auteur traduit «crépiter» et prend la précaution de dire, *resped d'hoc'h*, sauf votre respect.

S t r é h e i n, étrécir. «Ce mot et ses dérivés

sont obscènes dans le bas-Vannetois», L'A.
Cf. *starda costou ar merc'het* serrer les
côtes des filles, 'Can.... eur ch.' 8, et
simplement *starda merc'het* p. 18.

Streieres (éternuement), colique, Trég.
Voy. *paʒ*.

Stroden (boue; souillon), prostituée; mot
cornouaillais (Troude).

Stroillach, parties sexuelles de l'homme,
Trég., de *strouill*, ordure, d'où *strouillenn*
Corn. fille de mauvaise vie, Troude.

Stroñk, strouñk, m., excrément humain,
Troude, cf. v. franç. *stronc*, = *étron*.

Sutel (sifflet), membre viril: *va — ha va
ialc'h*, mon sifflet et ma bourse, Κρυπτάδια
I 361. Voy. *c'houistel*, qui en est probablement un doublet.

Talier, tailler, croupe, croupion. *Zoudard
(resped d'hoc'h) ann talier*, soldat, sauf
votre respect, du croupion, 'Bomb. K.' 32;
distroit aman ho talier, p. 62 = «tournez-
vous, de grâce.» La Fontaine; cf. p. 96,
102. *Meur a blac'h a lacq pilhau da rontad
e feutrin, Broʒiou d'ober un tailher*, Bien
des filles mettent des chiffons pour s'ar-
rondir la poitrine, des jupes pour se faire
une croupe, 'Can.... eur c'h.', 11.

Tarȝ, pet, *tarȝa*, péter, litt. éclater.

Ters, fesse; *tersek* fessu; nom de famille. Troude.

Tiȝoc, eunuque, 'Cath.'

Tomm, chaud. *Rer tomm*, ou *rer poas*, fille galante, litt. cul chaud; Trég.

Toull, trou. *Toull ar revr*, — du cul; — *ar foncȝ*, du fondement; — *al lost*, de la queue, P. Grég. *Toull de doull!* litt. trou de ton trou, interjection d'impatience, pour *toull de rer! Sko de vri baȝ pevar c'horn toull me rer!* Frappe ton nez dans les quatre coins du trou de mon cul. *Birviñ a ra toull he rer gañt c'hoañt 'n eus de...* Le trou de son cul bout, tant il (ou elle) a envie de (telle ou telle chose), Trég. Voyez *direoret*. On dit aussi *Birviñ a ra ar c'hoc'h 'n hi rèr gañt c'hoañt*, litt. La merde bout dans son cul, tant il désire (telle ou telle chose), Trég. On dit à quelqu'un qui pète, la nuit: *Ihet d'ann toull, pe ra hi dever Kenkouls en tewal hag en skler*, Santé au trou puisqu'il fait son devoir aussi bien dans l'obscurité qu'au jour. Le diminutif *toulleik*, petit trou, est un synonyme enfantin de *rer;* le même mot s'emploie familièrement pour «le dernier»; cf. en franç. le *culot*, et en gallois *tin y nyth*, le dernier de la couvée, de *tin*, «podex».

Tourc'h, (pourceau), prononcé souvent *toulc'h* en Trég., se dit d'un homme débauché. *Toulc'h vel ma c'hi*, luxurieux comme mon chien, Trég.; *tourc'h an barrès* (le pourceau de la paroisse), putassier par excès, P. Grég.

Touʒet, tondu; *tra douʒet*, chose tondue, par allusion obscène 'Rev. Celt.' IV 70: cf. *Touʒeik, touʒeik, deuʒ daveton, Nan euʒ den er ger nemerdon Hag ar c'hoʒ diaoul a varichal A ve noʒ pe ari 'n hi stal*, Petit tondu, petit tondu, viens vers moi, il n'y a personne à la maison que moi, et le vieux diable de maréchal n'arrive à sa boutique qu'à la nuit, Trég.

Treo lous, choses sales, ou *ann treo ʒe*, ces choses-là = les règles des femmes. On raconte que les garçons avaient autrefois cette incommodité, mais qu'ils n'avaient pas la pudeur de s'en cacher, ce qui fit que Dieu passa la chose aux femmes, Trég.

Troaʒ, urine Vann. *troch, treah*, et *dëur treah*, litt. eau d'urine; *troaʒa*, uriner, *troaʒiguellat*, pissoter, P. Grég. Ces mots s'appliquent spécialement aux personnes; cependant en Trég. *troaʒañ* se dit aussi

des animaux. En gall. *trwyth*, urine.
Bret. *troaɀ ruɀ*, urine (rouge), échauffée,
P. Grég.

Troñsañ vit (*ann* —), la colique, Trég.,
de *troñsañ*, trousser. et *vit*, franç. *vite*?
L'A. donne *vitt*, f., courante; et M. Troude
vit, *vid*, m.

Vil (vilain), impudique (des choses); *vil-
tancɀou*, paroles ou actions impudiques,
P. Grég.; *vilgenn*, prostituée, litt. vilaine
peau? M. Troude donne aussi à ce mot,
en cornouaillais, le sens de crasse du
corps.

Voñs, le fondement; *eur goɀ dtvoñset*, une
vieille défoncée (péteuse), Trég.

Vovoau, 2 syll., mal vénérien? 'Can...
eur c'h.' 11.

SUPPLÉMENT.

Baskarin, hermaphrodite (île de Batz).

Belek, prêtre. On dit en Basse-Bretagne
que quand le femme est sur l'homme *in
coitu*, l'enfant qu'elle met au jour sera
prêtre.

Bout ebarʒ, mets dedans, éveille la même idée obscène que le nom géographique *Méʒidon*, connu pour cette raison en Haute-Bretagne.

Gad, lièvre. *Taped e hi gad d'ei*, son lièvre a été attrapé, se dit d'une femme enceinte, Trég.

WELSH ÆDŒOLOGY.

THE object of the following Articles is to bring together all the elsewhere inaccessible ædœological data that we have been able to collect in Wales, which may in any way interest the Students of Folk-Lore and Anthropology, or of Celtic Philology, Literature, and Lexicography. They have been put together by an Englishman; but their accuracy may be relied on, as he has both made himself acquainted, more or less, with the Welsh Language and Literature, and has spent several vacations in visiting the Principality, and attempting to penetrate into the innermost life of its peasantry; and these notes are based, partly on information eli-

cited by his enquiries on the spot, and
partly on what he has learnt by correspon-
dence with Welsh Bards and Scholars, to
whose kindness and readiness to assist him
he is indebted not only for most of the materials he has put together, but also for many
etymological remarks which he now reprodu-
ces. Notwithstanding, the Welsh reader will at
once perceive that the different Parts of his
Country have been very unequally examined.
To us the localities most thoroughly explored
appear to be the Skirts of Nanconwy and
those of Cardiganshire[1]; but we trust that
at some future time an equal flood of light
may be shed on the Penetralia of other Parts
of the Principality, from Porth Ysgewin in
Gwent to Porth Wygyr in Mona.

It will be seen that the various contri-
butions have been somewhat loosely strung
together with no attempt to distinguish the
sources whence each quota has been derived,
the only order adopted being the alphabetical

---

1 Abbreviated 'C a r d.'; and the North and South
of that county 'N. Card.' and 'S. Card.' respectively.
Of these divisions, separated by the river Wyre, and
differing much in dialect, the latter is called ‹Godre'r
Sir›, 'the Skirts of the Shire', by the natives of the
former.

sequence of the Latin equivalents for the Welsh words under discussion: and, moreover, that no violent effort has been made to couch either translations or comments in that circumlocution so eminently calculated to stimulate the prurient imagination of modern civilized humanity.

No nation can, perhaps, appear to the best advantage when looked at from an ædœological point of view. It is only the seamy side of its character that presents itself to the ædœologist's enquiring eye. But the writer, judging from his acquaintance with England, France, and other countries, fearlessly affirms that the Principality comes off second to none of them in point of propriety and sense of decency.

Androgynus.

In dictionaries we find the words «mabferch», ('lad-lass'), «gwr-gwraig», ('man-woman'), and «catwrwraig»[1], but we have never heard any of these used. The last looks to us like an old book-word concocted to translate the Greek 'Amazon', and compounded either of «cad», 'battle, war', and «gwrwraig»

---

1 Evans, Eng.-Welsh Dict., Carmarthen, 1812, s. v. 'Hermaphrodite'.

(= «gwr-gwraig», the initial «g»'s being elided
in the second component of Welsh 'proper
compounds'), or else of «cadwr», 'warrior', and
«gwraig».

In Nanconwy[1] a general word applicable
to 'humans' and beasts is «gwrryw-banyw»
(Carnarvonshire[2] for «benyw»), 'male-female';
but its natives have, we are told, nicer
distinctions between different classes of human
hermaphrodites. The kind most inoperative
(from the feminine point of view) is called
«gwrryw-gydiwr», which (see under *Futuere*') properly means 'a sodomite', though
we think that in this case 'a catamite' (='pathi-
cus') is rather meant, as the reason adduced
for the opprobrious name is that, 'they say,
they will never do anything with females,
nor will they ever leave a male bedfellow
alone;' whilst «ffwl» ('a fool', of course from
the English), and its compound «catffwl» (a
word also applied to half-witted persons in
the same district) there designate a class

---

1 This (abbrev. 'Nan.') is the Welsh name for the
district of the Vale of Conway, which river forms for
most of its course the boundary between Denbigh- and

2 Carnarvon-shires (abbrev. 'Den.' and 'Carn.'). Our
observations apply chiefly to the centre of the Vale,
and the Carn. side.

somewhat superior to the «g-g.», but yet by
no means up to the proper standard of manly
vigour ; it was defined by a native as com-
prising men similar to those alluded to by
Twm o'r Nant's young women when they
said [1]

«Dyna imi ffwl tin lipa,
Ni wiw ini ddisgwyl, yn ddigon siwr,
Fawr lawenydd gan wr fel yna.»

'There's a fellow I call a limp-tailed ninny;
it's no good, sure enough, our looking for
much pleasure from a man like that!'

An adjectival form from a fem. «*catffol»,
viz. «catffolog», is used in the same district for
a hoydenish, intractable romp of a girl; and
the «cat-» in these words is possibly the same
as the word «càt» [2], 'a piece', borrowed from
English, and used in the expression «cat

---

1 «Cyfoeth. a Thylodi», p. 8.   Our quotations from
this poet's works are from the uncastrated or Merthyr
Editions (1848—1850) never from the emasculated Liver-
pool one (1874).   His «Cyfoeth a Thylodi» is called
'C. a T.' ; «Y Farddoneg Fabilonaidd», 'F. F.' ; «Pedair
Colofn Gwladwriaeth», 'P. C. G.' ; «Tri Chryfion Byd,
'T. C. B.' ; «Pleser a Gofid», 'P. a G.'

2 The grave accent denotes that the vowel is quite
short, which may be also indicated by the doubling of
the following consonant.

o ddyn», 'a good bit of a man'; whence the
dim[1]. «cetyn», 'a short piece of anything',
especially 'a short black stumpy pipe', (as
in «cetyn cwtta», 'a cutty pipe'); Pughe[2] also
gives a plural of «cat» in «Tori'n gatiau»
(a phrase common in Wales) 'to break in
pieces', and the derivative «catiad» (elsewhere
«catied», which would be written «catiaid»)
is used in Nan. for 'a pipeful of tobacco'[3].

The history of this word is curious.
Halliwell, in his 'Dict. of Archaic and Provincial Words' (ed. 1855), s. v. 'Cat', informs
us that 'The Trap at the game of Trap
and Ball was formerly called a 'cat', and
the game itself also went under this name,

---

1 i. e. 'Diminutive'.

2 Welsh-English Dictionary. 1st ed. (under name
of 'Owen') London, 1803; 2nd ed. Denbigh, 1832. He is
hereafter abbrev. 'P.' He was much given to concocting
imaginary 'primary words' from which, according to
the phonetic laws prevalent in Welsh, existing words
might be derived as 'secondaries', in order to fill up
gaps in his visionary linguistic edifice. Hence the great
importance of pre-Pughese Welsh Dicts., since the poste-
rior ones, as a rule, copy and recopy these purely imaginary words from the pages of the great Lexicographer.

3 «Er ys cetyn», 'a little while ago', is also found
in P. s. v. «cetyn», and «ys cetyn» is still common in
the same sense.

or, according to Howell, 'Cat and Trap';
...... but the game of 'cat' is more properly that played with sticks, and a small
piece of wood, rising in the middle, so as
to rebound when struck on either side ....
It is also called 'Cat and Dog.'.' And we
learn from Nares' Glossary (ed. 1882), s. v.
'Cat', where further references and particu-
lars are given, that the game is now known
as «tip-cat», and that it is the small piece of
wood that is called 'the Cat'. Now this is
just the meaning retained by «cat» in parts
of Wales, e. g. N. Card., where the game
is still popular, and to play at it is called
«hware' cat» (see P. s. v. «Cat», also s. v.
«clwpa», where he says the game is also
called «Dau wr a chlwpa», 'Two men with a
knobstick'). Hence «cat» must have had
its signification extended so as to mean 'a
piece of any kind', and possibly «catffwl»
may mean 'a fool who is only a bit of a
man' and «catffolog» (like French 'homasse')
'a girl who is half a man' (metaphorically).

As to animals, the old Gwentians [1] seem

---

1 'Gwent' now only includes Monmouthshire. It
formerly also embraced most of Herefordshire west of
the Wye, and the 'Gwentian Code' no doubt prevailed

to have had a very singular notion about
hares, for it is said in their code (Welsh
Laws[1] I, 734) that 'they are not assessable
by law, inasmuch as they are males for
one month and females for another'.   A
mule is termed «Bastard Mul» 'a mule
bastard', and in N. Card. the expression
«ceiliogiar», 'a cock-hen', is used for fowls
supposed to be of neither sex (not capons,
which are there unknown), and is metaphorically applied to stupid, boyish-looking girls;
but the human monster is in that district
more particularly described by a word that
may be written «hifir», «hifyr», or «hufyr»
in the accepted orthography, as «i», «y», and
«u» are, in the S. W.[2] dialects, so confused,
as to be quite identical in sound in certain
positions.   It occurs in the following popular
rhyme:

> «Hifyr di hafar,
> Nid bwch nid gafar.»

over the whole of the diocese of Llandaff, which in the
11th century comprised, besides Gwent, Glamorganshire and parts of Brecon- and Carmarthen-shires.

1 Abbrev. 'W. L.' The work cited is 'Ancient Laws
and Institutes of Wales' etc., by Aneurin Owen. Printed
for the Record Commissioners. London, 1841 (2 vols.).

2 'W.' = Welsh. 'N. W.' = NorthWelsh: 'S. W.' =
South Welsh.

'A «hifyr» without (a) «hafar», Neither he-
nor she-goat'; which, put into the standard
orthography, ought to run: «Hifr di hafr, Nid
bwch nid gafr», but the words «hifr» and
«hafr» present some difficulty.

We find a word «hyfr» given, together
with «bwch» and «hyfr-fwch», as the equivalent of 'caper' in the Latin-Welsh part
of Dr. Davies' Dict.[1], whilst in the W.-Latin
part he gives «hafr» and «hyfr» as equivalents,
though he explains neither. Lluyd[2] (p. 46,
s. v. 'caper') gives «hyvr»[3] (his orthography
for «hyfr») as 'a gelt goat', but «haur» (i. e.
«hafr»), a word to which we will return
further on, only (p. 217) in the sense of
'sluggish'. Jones[4], Richards[5], P., Walters[6],
and others, follow Ll. in so far as they all

---

1 Abbrev. 'D'. 'Antiquæ Linguæ Britannicæ etc.,
et Latinæ Dictionarium Duplex', London, 1632.

2 Abbrev. 'Ll.' 'Archæologia Britannica', by Edward
Lluyd, Oxford, 1707.

3 The sound of English 'v' is in mediæval W. written
generally 'u', sometimes 'fu', 'v', or 'f'; but always 'f'
in modern W. except by certain would-be reformers of
W. orthography.

4 Dict. of W. and Eng. Shrewsbury, 1760.

5 Thomas Richards' W.-E. Dict., 1st ed., Bristol,
1753.

6 E.-W. Dict. (2nd ed.) Dolgelleu 1815.

give «hyfr» as 'a gelt or wether goat', but D. in so far as they give «hafr» as synonymous with «hyfr».

Pughe also gives what seems to be an adjective from «hafr», viz. «hefrin», (should it not be «hefryn»?), which he ridiculously defines as meaning 'that is spread out, or incompact' (he was thinking of «hafr», 'sluggish'), but he explains it as meaning 'gelt' in the phrase «hydd hefrin», 'a gelt stag', occurring in the following Triad [1]: «Tri chaled byd: maen callestr, corn hydd hefrin, a chalon mab y crinwas», which he translates, 'The three hardest things in the world, a flint stone, the horn of a gelt stag, and the heart of the miser.' There is another word from which «hefrin» might come, viz. «hefr», used in Nan. as an exact equivalent of «catffolog» (see p. 327); from which is formed a word «hefrio», 'to romp', used especially of a girl being 'hugged and tumbled' by young men. We cannot explain «hefr» as borrowed from

---

1 This Triad answers to No. 2 of the «Triodd Mab y Crinwas» ('Miser's Triads') in Myvyrian Archaiology III. 246, but it is there given differently: «Tri chaled byd: dur naw gwynias, maen cellt, a chalon mab y crinwas.» The work mentioned is abbrev. 'M. A.' (3 vols., London, 1801).

the Eng. 'heifer', which makes, all over
Wales, «heffer» or «hether», though it might
come from some Eng. word like the Scotch
«hāver», 'silly talk', Icelandic «hefer», 'gar-
rulus'.

The word «hyfr» is still understood in
Nan. as 'a gelt goat', and is there often applied ('significantly', says a native) to simple-
looking, unsprightly fellows, and (more metaphorically), in the phrase «yr hen hyfr wirion!»
'You silly old wether goat!' to foolish, slovenly, girlish young women, especially with
reference to their doing some silly thing
from simplicity of mind, or neglecting to
catch a windfall that tumbles into their
laps. In Arfon[1] we have often heard «hyfr»
applied to a giddy romp of a girl, but
there they have forgotten the meanings of
the terms of abuse with which they inter-
lard their objurgations.

Here, it will be seen, is some confusion.
It is very likely that «hyfr» may (like «myharan» of a sheep), in some parts of Wales

---

1 This is the W. name of, roughly speaking, the
coast and «versant» of Carn. immediately opposite
«Môn» or Anglesey. The «f» is of course pronounced
as an Eng. «v».

have meant an entire, in others a gelt, goat:
but how harmonize «hyfr», «hafr» (both in
sense of 'a gelt goat'), and «hefr»? We can
make nothing of «hefr», but are inclined to
think that «hafr», though long obsolete, is a
genuine word in that sense, perhaps etymo-
logically distinct from «hyfr», and identical
with «hafr», 'sluggish', specialized into the
sense of 'an animal rendered sluggish, i. e.
unfrisky and non-performing, by castration'.
Note that it is fem., whilst «hyfr» is (and
«*hefryn», if there is such a word as a subst.,
must from its termination be) masc.; hence
probably the last two words meant 'a male
gelt goat', and «hafr», 'a spayed she goat',
i. e. one on which an operation analogous
to gelding had been performed.

In Nan. we have heard a variant of the
first line of the rhyme applied at Llanrwst (in
Nan.) to a girl supposed to be a boy, viz. «hyfri
afren». The expression comes, we believe,
from the Den. side of that town, as it
seems unknown on the Carn. side, where,
moreover, they would say «afran», not
«afren». Here «hyfri» is very puzzling, and
we do not quite understand what relation it
bears to «hyfr». «Afren», as it stands, can
only be the 'middle' form of «gafren» (dim.

of «gafr», 'a she-goat'). Now, to enable it
to take this form, «hyfri» must either be an
adj. agreeing with it, or a subst. after
which it is used attributively or adjectivally:
or else «hyfri» is a corruption of «hyfr i».
If the last, the words might mean 'a gelt
he-goat f o r (i. e. to match) a spayed she-
goat'. This idea is confirmed by the expression «hifyn i hafan», 'a hermaphrodite',
which was common in the mouths of Arfon
school-children about 25 years ago, as compared with its modern equivalent «hifyn di
hafan», now used in the same district; which
forms (fully discussed below) bear much the
same relation to one another as would do
«*hyfr i afren» and «*hyfr di hafr».

This brings us back to the N. Card.
rhyme, and reminds us that there is a difficulty in the way of equating «hifyr» with
the Arfon «hyfr», which ought in the Card.
dialect to become «hyfyr» (as «llyfr», 'a
book, there becomes «llyfyr»). Yet possibly
the inconsistency is merely in the spelling;
for if the right spelling of «hyfr» were «hufr»,
(and the two would be pronounced alike
in the North) «hifyr» is just what we would
expect it to become in the Southern ver-
nacular. On the other hand, it will be

seen below that the S. Card. version has
«-hyfir».

The «di» in «di hafar» s h o u l d mean
'without', and we thus get as a possible ren-
dering of the first line, 'a gelt he-goat without a spayed she-goat to match'.   It must
be remembered, however, that in O.-W.,
«di», representing in fact two different pre-
positions, meant indifferently 'from' (sometimes 'of', partitively or even possessively)
and 'to', and though in the former sense it
is obsolete as a prep., and in the latter has
now become, as such, «i» (through an inter-
mediate form «* ddi» = C.[1] «dhe» or «dha»;
the B.[1] is «da», in V. B. «de», pronounced
like Fr. 'de'; and the O.-B. «do») yet, in composition, «di-» and «dy-» are still used indifferently as prefixes, either (from the sense
of 'to') as strengtheners, or (in that of
'from') as privatives: we may add that in such
words as «diblant», ('childless'), «didraul»,
'expenseless'), «di» is still really a preposition
(= 'without'), for they are not regularly ac-
cented, viz. on the penult., but on the ult., syl-
lable; each word being, in fact, pronounced

---

1 «Cornish» is abbrev. 'C.', and «Breton», 'B.': «Old»,
'O', «Vannetais», 'V.', and «French», 'Fr.'

as though it were two separate words[1]. Now
the archaic «di» (= 'to' or 'for') might have
been retained in a jingle whose meaning had
been lost, and «hifyr di» thus have meant
the same as the possible «hyfr i» of Nan.
(see above). Or «di» might have been de-
signed to intensify «hafar»?

The following related version is current
in S. Card. Here «di» is replaced by «mi»,
and the «mi» repeated before «hyfir»:

«Mihyfir mihafar,
Nid bwch nid gafar.»

or «Na llwdwn na dafad.»

= '. . . . .
Neither he- nor she-goat.'

or 'Neither male sheep nor ewe.'

(«Llwdwn» is Card. for «llwdn».)

---

1 In composition either «di-» or «dy-» (the latter
pronounced with an 'obscure' «y») may occur in either
sense (though «dy-» is rare as a privative, as in «dybryd»);
but the 'new' school of Welsh orthography, founded by
Pughe, has succeeded in confusing alike philologists
and learners by writing invariably, or nearly so, «dy-»
for the strengthening, and «di» for the privative, prefix:
hence such barbarisms as «dygwydd» for «digwydd»,
«dyben» for «diben», etc.: and the 'improvement' of
W. orthography by writing a sound «dy-» which is pronounced «di-».

It is possible that the words «hyfr» and «hafr» have here become mixed up with the word «myharan», in parts of S. Wales meaning 'a wether-sheep', though in Merthyr (under the form «mynaran»[1]) it means 'a ram', its usual sense in Môn and Arfon.

We will now proceed to the Arfon version of the jingle, which has «hifyn» for «hyfir» and «hafan» for «hafar» in the first line:

«Hifyn di hafan
Un gont ag un aran.»

= 'A — without a —
One cunt and one ball.'

In discussing the possible senses of the first line, we will first give the meanings of which it (and its variants) are susceptible as they stand; and then suggest an explanation which will, we believe, shew what were the archetypes from which this and the Card. rhymes (with their respective variants) were developed.

«Hafan» would be the S. W. prononciation of the word properly written «hafn»,

---

1 For this curious insertion of «n», compare the Card. «cwtanu», 'to shorten', from «cwta», 'short': and «hinddanu», 'to become fine' from «hindda», 'fine weather'.

and it is possible that even in N. Wales. «hafn»
might have been made into «hafan» in order
to rhyme with «aran» (the Carn. for «aren», 'a
ball' = 'testicle'). Now «hafn» (putting aside
its meanings of 'a port, harbour, or «haven»',
in which senses it is obviously borrowed from
Eng.) is in common use in Nan. for 'an
«agen» (or 'rift' on a large scale), a narrow
cleft between two rocks', with or without
water, and 'even at the top of a mountain
or pass'. It is also there applied to the deep,
generally waterless, rifts on the side of a
mountain,[1] or those in alluvial land scooped
out or deepened by a flood[2]. So it is

[1] In this sense it is synonymous with the N. Anglian
'rake', and a precipitous 'cirque', seamed round with
these, is called «Taren» in S.-West Merionethshire.

[2] In this last sense «hafn» and «cafn» are used indifferently in Nan. There a «hafn» formed by a stream
differs from a «ceunant» in that the former appears
open at both ends, the latter closed at one by a preci-
pice or transverse gorge: «cornant» there means a
brook tumbling (often in a bed of no depth) down the
steep side of a declivity. «Corbwll» (= the N. Anglian
«linn», called sometimes in N. Wales «llyn» or «llyn tro»,
'turning pool', in S. Wales «cerwyn», lit. 'mash-tub', and
in both «pair», 'cauldron') is the deep pool below a
«hafn», rapid, or waterfall. None of these words are
properly explained in Dictionaries, nor have they any
equivalents in ordinary English.

22*

used by Mynyddog, a native of the Vale of
Dovey, who ('Caneuon', p. 123) speaks of a
«cornant» thus:

«O mae hi'n dlws mewn creigiog hafn,
Yn berwi fel rhyw bair!»

'How fair it is in its rocky gorge, boiling
like a cauldron!'

Now as to «hifyn». This is a singulative
or dim. of «hif», which we seem to have in
the Book of Taliesin[1], in the sense of
'(defenceless) skin':

«Gorua6r y gynnif.
6rth awyryohif
katwaladyr g6eith heinif.»

'Very mighty his conflict, against him who
wounds (?) the skin of Cadwaladr, the nimble
in war'. «Hifyn» is explained by P. to mean

---

1 Skene's 'Four Ancient Books of Wales', Edin-
burgh, 1865. vol. II. p. 213 (abbrev. 'Skene'). This passage,
we may remark, is there translated (the translator took
«awyryo» as = the modern «awyrio», 'to air', instead
of what it probably is, «a fyrio», the rel. pron. with
the 3rd pers. sing. pres. subj. of «bwrw», 'to cast,
throw'), as follows (vol. I. p. 446), 'Immense his battle.
By airing the skin of Cadwaladyr, an active work'!!
This 'translation' inevitably suggests a method of 'airing
the skin' not unknown in our public schools!

'a skin, a piece of skin', to which he adds, as a Môn expression, «hifyn hafog», a 'hermaphrodite', with which we may compare the Nan. expression, «hifyn hafen», fully explained further on. D. gives a derivative «hifio», as a synonym of «ginio», which he explains as meaning 'lanam vel pilos evellere, glubere, glabrere', adding «gwlan ginn» 'lana evulsa'. In N. Card. «ginnio» is pronounced «cinnio», [1] and is in common use. A little before shearing time women walk the mountains to «gwlana», i. e. to gather the wool lost by the sheep: but they are sometimes convicted and often suspected of plucking the wool off the backs of any weak sheep they can catch, and this is called «cinnio defaid», 'plucking the sheep'.

In Nan. «hifio» itself is the term always used for plucking the wool off dead sheep,

---

1 The B. equiv. is «kiñat», 'écorcher'. «Ginnio» is the S. Card. form. From «cin» and «croen» (skin) is formed «cingroen», a kind of large peeling fungus found in woods (the 'Stinkhorn' or 'Phallus impudicus', so called from its exactly resembling an erect penis, and springing from a sort of bulb very like the scrotum) proverbial for its stench all over Wales. This name suggests that «cinnio» m a y have a 'particular' sense, like Lat. 'glubere'.

it being considered the most heinous crime to pluck them before they are quite dead («hifio dafad cyn iddi farw»). There «hifio» is also used for 'cutting, sawing, or mowing anything with a blunt instrument so as only to «effleurer» its surface': and a field closely cropped by beasts is described as «wedi ei hifio», 'cropped to the skin', «hif» being defined by the natives as exactly equivalent to «glasgroen», 'the outer skin of anything'. All this would lead one to suppose that in its application to a hermaphrodite it refers to the abdominal skin, stripped of or without the hair of puberty.

To return to «hifyn hafen», two farmers from Upper Nan. were lately talking in Llanrwst market about a pig which one had sold the other, and the seller said to the buyer, «Ni wyddwn i ddim pan yn ei werthu mai hifyn hafen oedd o.» ('I did not know when I sold it that it was a «hifyn hafen»'. He explained further, that the animal had only a hole far back under the belly, between the hams, by which it pissed, and that «yr oedd yn gofyn baedd o hyd, ond fedrai o wneyd dim byd hefo hi» ('She always was wanting the boar, but he couldn't manage to do anything whatever with her'); and finally that the usual name for such creatures was «hifyn hafen». The connecting link between this and «hifyn dihafan» seems supplied by the already mentioned old Arfon phrase for 'a hermaphrodite', «hifyn i hafen». To these expressions we will return, adding meanwhile that «hifyn» (alone) is used (we may compare «hen groen», 'old skin', which means 'an old shit') as a term of abuse by the prudish natives of Arfon (who do not or will not understand its meaning), which may be either an abbreviation of the compound expression, or (by extension) have meant (by itself) simply 'a hermaphrodite'; the transition from the peculiar 'pellicle' to the creature which it characterized being easy and natural.

Assuming, then, «hafan» to be taken as = «hafn», 'a chink or furrow', the rhyme might thus be rendered as it stands:

'A chinkless skin
One ball and one quim',

and the «hafn» may refer either to the «rhych y din», 'sillon du cul' (see under '*An us*'), or to the crater of the Mons Veneris. In the former case we may compare

the old Eng. words 'nock', 'nockandro',
(= 'arse') from «nock», 'a notch', and in the
latter the Welsh expressions for the cunnus
such as «hacoll» or «hollt»[1], 'a chink',
and the Basque «emaztearen erreka»[2],
'sulcus muliebris'. It is also possible that
«hafan» may be simply the Eng. 'haven', the
appropriateness of which word to the vagina
is obvious at a glance.

But by far the most likely hypothesis
seems to us to be that the enigmatical first
verses of all these rhymes have been much
altered from their original form, the cause
of such alterations being the obsolescence
of the words «hafen», «hafr», and (in parts)
«hafren», in their original senses, and its

---

1 This phrase occurs in a quatrain where the evi-
dence of an eyewitness to a rape is versified thus:

«Hyn alla' ddweyd yn rhagor
Fod cluniau'r ferch yn agor,
    A chala'r mab yn myn'd fel bollt
Trwy ganol hollt ei chedor.»

'This I can say, too, that the lass's thighs were
opening, and the lad's prick flying like a bolt through
the centre of her fledge-chink'.

2 Silvain Pouvreau, Dict. MS. Basque, Bibl. Royale
No. 7700; «qui ne le traduit pas, est-ce par pruderie?»
Voyez Van Eys, 'Dict. Basque', s. v. «erreka».

motive, the desire partly to mend the metre
or jingle, partly to infuse a quasi-sense into
semi-meaningless formulæ. And we believe
that we are to find the key to the original
meanings in the pair of Nan. phrases for 'a
neuter creature', viz. «hifyn hafen» [1] of a beast,
and «hyfri afren» of a 'human', together with
the old Arfon one, «hifyn i hafan» (= «hafen»),
'a hermaphrodite'; that the original phrases
were (in the standard orthography), 1) «hifyn
hafen» (Arfon and Den.), 'a lazy one's (i. e.
an inoperative) pellicle', or (taking «hafen»
adjectivally) 'a lazy pellicle', or (by extension
of «hifyn» from the parts to the whole) 'an
inoperative neuter'; and 2) «hyfr hafren»
(Nan.) and «hyfr hafr» [2] (Card.), = either 'a
lazy or slatternly wether goat' or 'a he-she-

---

1 The district where «hifyn hafen» occurs (but it
may occur in others too) is indicated to us by the
parishes of Penmachno, Yspytty Ifan, and Cerrig y
Drudion. P. is the border parish between Carn. and
Den., Y. I., just on the Den. side of the border, and
C. y D. some way into Den., in which county final
«-en» is not changed into «-an», as it always is in the
true Carn. dialect.

2 The fact of «hafr» and «hafren» being here synonymous, and «hafren» being a fem., strengthens our
conjecture (see above) as to «hafr» meaning a spayed
she-goat.

wether goat'; that «hafren», on becoming obsolete in Nan., was changed to «afren»
('middle' of «gafren»), the most similar known
word; that «hafren» meant just the same as
«hafr» (of which it is a fem. dim.) the latter
to be equated with Ll.'s «hafr», 'sluggish';
and that «hafen» is synonymous with «hafren»
in the sense of 'slattern or lazy', and formed
from an obsolete «*haf», 'lazy', just as «hafren»
is from «hafr».   Further, we believe that,
on the second word of the phrases becoming
meaningless, «i» was prefixed to it, perhaps
in the sense of 'to' or 'for', in order to im-
prove either sense, or metre, or both; hence
the forms «hyfri afren» (= «hyfr i afren» =
«hyfr i hafren»), and «hifyn i hafan», and
that «i» was then changed, in some parts
to the quasi-prep. «di», 'without', (compare
«hagen di hag», under '*Cunnus*'), to suit
some other imaginary senses which it was
conceived the words should bear, and in
other parts to a meaningless «mi», subsequently repeated before the first word for
the sake of uniformity.

We will now enumerate the words, from
the bases «haf» and «hafr», a comparison
of which has led us to the above conclusions.

In Ll. «hafr», 'sluggish', is given as a word omitted in D.'s Dict., and on the authority of 'the MS. Dict. of Henry Salsbury'[1]. We find the words «hafar» and «afar» in William Salesbury's Dict. (published 1547[2]) but unfortunately without any English equivalents, and perhaps by the former «hafar» (from «haf» and «ar» = 'a summer fallow'), and by the latter «afar», 'grief', may have been meant. In B. we find the word «havrek», also written «haorek» and «awrek», 'guerêt, novale', i. e. 'a fallow', and this word must have come from a base «*havr» (= W. «hafr») and have primarily meant 'a piece of land lying idle'[3]. Now there is an exact W. equiv. of «havrek», viz. «hafrog», explained by P. as 'a trollop', and which we have heard in Eglwysbach (on the Den. side of Nan.) in the phrase «hafrog fudr!», 'dirty slut!' applied to an old, slovenly, roughshod sort of a woman. The idea of 'slo-

1 This authority is designated below 'Ll. (H. S)'.

2 A new ed. was published by the Cymmrodorion Society in 1877. Abbrev. 'W.S.'

3 The last part of «Tre-haverock» in Endellion, Cornwall (now locally called 'Treharrock', and, by Hals, 'Trearike') shews that the same word, probably in the same sense, existed in C.

venliness' comes well enough from that of
'laziness', and in N. Card. and Arfon we
have often heard «yr hen hafar»! 'You old
«h.»!', and in the former «yr hen hafren!»
too, applied to a rough, boisterous kind of
a woman; moreover P. gives «hafren» in the
sense of 'a loose woman, a strollop, a strumpet', though we have never heard it used
with any reference to unchastity. The Glam.[1]
expression «Yr 'en afar!», 'you old bitch!' is
only, we believe, a dialectic variation for
«yr 'en afr!», 'you old goat!', the word «gafr»
having been used in Wales from time im-
memorial for an unchaste woman, as indeed
it still is in English slang of a man (see our
quotation from M. Dwygraig under '*Anus*');
but the S. Card. «yr hen afar» is merely a
term of reproach applied to both sexes, but
especially to a silly, laughing, babbling old
woman, without any imputation of unchastity,
and we therefore equate it with the N. Card.
«yr hen hafar», supposing that the dropping
of the «h» (which never takes place in Card.
without a cause, as it does in Gwent and
Glam.) was owing to a belief that «hafar»

---

1 = Glamorganshire.

ought to be «afar» = «afr», from «gafr», 'a goat'.

P. gives «hafnen», 'a trollop', and «hafnai», 'a slattern'. These seem to be simple variants of «hafren» and «*hafrai», just as the W. stem «gwna-»[1] 'make' has in the cognate dialects «r» instead of «n», and W. «gwni-»[2], 'sew' is in Vannetais B. «gouri-» (Trégorois «groui-» and in ordinary B. «gri-» or «gry-»). P. can have had no motive to invent «hafnen» and «hafnai», as they explain nothing; on the contrary, we think he invented the meanings other than 'haven', that he gives to «hafn», viz. 'that extends out or that is flat, a still place, (and perhaps the verb «hafnu» too) in order to explain «hafnen» and «hafnai» as derivatives from «hafn» in the sense of 'a still haven', which he no doubt conceived to be

---

1 «Gurag-» may have been the stem in very old W., for «guragun» would seem to = Mod.-W. «gwnawn» in «imguodant irdegion guragun tagc», 'the «optimates» [of the belligerent tribes] say (??) to one another, Let us make peace'. B. of St. Chad in L.L., p. 271, where «tagc» is misread «tage» in the so-called 'facsimile'. 'L.L.' is our abbrev. for the 'Liber Landavensis' (Llandovery, 1840). Our readings of the Bk. of St. C. are from photographs of the original.

2 Here the «w» is a semivowel in N., a vowel in S. Wales.

a true Welsh word, as he admits into his
Dict. few or no words which he supposed
to be of English origin.

Now the origin of all these words is
«samr», a secondary form of the simpler
root «sam». The original meaning of both
was 'quiet', whence the secondary meanings
of 'sluggishness', and 'summer', were derived.
The curious thing is, that whilst the Irish[1]
adopted the primary form «sam», meaning in
O.-Ir. 'rest or ease', for the primary idea,
and formed their word for the secondary
idea, «samrad», 'summer' (a word to be
equated with «samr») from the secondary
form «samr», the W. did exactly the con-
verse, seeing that «haf» (O.-W. «ham»[2]) is
their word for 'summer' and «hafr» for
'sluggish', whilst the forms «hafrog» and (B.)
«havrek» seem to postulate a subst. (as
well as an adj.) «hafr».

The W. seem, however, to have used
the simple root in the sense of O.-Ir.

---

1 Abbrev. 'Ir.'

2 In «douceint torth ha maharuin in irham ha douceint torth in irgaem.» '200 loaves and a sheep in the
summer, and 200 loaves in the winter'. Bk. of St. C. in
L. L. p. 272, (where one «douceint» is misread «du-
ceint»).

«sam» to form derivatives, and we have
already explained the form «hafen» as equivalent to «hafren». The first part of
«haflug» 'plenty' (subst.) or 'abundant' (adj.)
is surely from «haf», the termination (though
we cannot explain it) being the same as that
of «haerllug» 'urgent, saucy' from «haer»
'urgent'. (See P. s. v. «haflug» for an example
of both these words). «Haflug», moreover,
is used in Arfon as a term of abuse (like
«hafren», «hafrog» and «hafr»), but to designate
more persons than one, in «yr hen haflug»,
which seems to mean something like 'a' (or
'you') 'seedy lot!' There is also the hither-
to unexplained word «hafog», the following
senses of which, given by P. (s. v. «ha-
fawg») cannot possibly come from the «hafog» that is borrowed from the Eng. 'havock',
viz. «yn hafog i bawb» [= '«hafog» to every-
body'], 'a common strumpet'; «hifyn hafog»,
'a hermaphrodite' [see above]; «tir hafog»,
'common land'; «gwneyd yn bur hafog», 'to
act very bountifully'.»

This word is explicable either a) as
having originally meant 1) 'summery land',
i. e. 'land over which a right of common
existed in summer', 2) common to all; 3)
'common to both sexes, or neuter': or b) as

derived directly from «haf» in the sense of 'laziness', which view is countenanced by the fact that «hafog» in Môn, and «hafen» in Nan., mean, with «hifyn» prefixed, exactly the same thing; viz. 'a hermaphrodite'[1].

«Hafen» and «hafog» thus form an exactly symmetrical pair with «hafren» and «hafrog», and the primary idea common to both stems and their derivatives seems to be that of 'laziness'; whence their secondary senses of 1) the repose of Nature in summer, 2) 'the effect of laziness, viz. slovenliness', 3) 'sluggishness consequent on deprivation of vigour, caused by emasculation or imperfect sexual development': — and possibly the notion of a human being or animal so characterized being 'a non-reproductive member of society' may also have been present to the native mind in Wales.

---

1 The same «hafog» surely occurs in the name of the manor of «Tre-hauoc» in 'Domesday Book for Cornwall' (Southampton, 1861) 5▲; which should be synonymous with «Trehaverock» (above, p, 343) and mean 'the fallow farm or township': though «havoc» might also mean 'fruitful'. «Trehauoc» is now 'Trehawke' in Menheniot. In B. the corresponding form should be «hañvec» which we have in «Hanffvec», a 'paroisse' near Chateaulin in Finistère, mentioned in 'Cartulaire de Redon', p. 536, and in «Bren hañvec» Revue Celtique, I, 233.

We would equate «samr» and «hafr» with the Gr. ἀβρός, 'tender, delicate, luxurious'; but one of the chief interests of these words is that from them the river-name «Sabrina» or «Severn», in W. «Hafren» (O.-W. «Habren»[1]), has been derived. We seem to have the same word in «Sabrann», the old name of the river Lee in the county of Cork, the oblique form of which possibly occurs in «Cúl Sibrinne» («Leabhar na h-Uidhre», folio 56ᵃ and 56ᵇ), which appears later as «Cúil Siblinne» and «Cúil Silinne», i. e. 'the Recess of Sibrenn', the name of a parish in the Barony and County of Roscommon. Several related forms occur elsewhere; and one of the passages where «Cúil Sibrinne» occurs in the above MS. is glossed to the effect that it is the place 'where Loch Carrcin is now'; whilst in the other passage it is very curiously glossed thus : «hi Cúil Sibrinne .i. loch Carrcin agus o silind ingine Madchair roainmniged», 'i. e. Loch Carrcin, and it is from the «silind» (piss) of Madchar's daughter that is was (so) called.'[2]

---

1 In «Dou rig Habren», 'The two Kings of Severn', Stevenson's Nennius (London, 1838), p. 56.

2 There is also a stream called «Hafrēna» which

In the same MS. an account is given of a
magic horse making the source of Lough
Neagh in the same way; and we may compare
some Welsh Lake-Legends, e. g. that of the
muddy, yellowish lake of «Llyn Trigraienyn»
(Mer. [1]) being made by the giant Idris as he
stood with one foot on Craig-y-Llam, the
other on Geugraig (a spur of Cadair Idris),
and pissed into the hollow below, after
he had first eased his lower extremities
by shaking out of his shoe the 'three pebbles'
(in reality huge boulders) from which the
lake has its name.

We cannot say whether the name of the
Severn was derived from some lazy, luxurious,
or slatternly goddess, or from the great
sluggishness of the river (compared with the
neighbouring mountain streams) for most of
its course. There is a brook tributary to the
Upper Conwy called «Hafnant», which m a y

flows into the Irfon in Llanafan fechan (Breconshire);
made into «Hafren» (more suo) by the Ordnance Sur-
veyors on their one-inch Map, who have similarly altered
a «Blaen Gafren» in Eglwys Wrw (Pembrokeshire) into
«B. Hafren». In Cornwall are a «Goonhavern» («gûn»,
'a moor') near a stream in Perranzabuloe, and also a
Bosavern.

1 = Merionethshire,

mean 'the sluggish brook', if the name does not simply indicate 'a brook that runs strongly in summer (as well as in winter)', 'a brook where animals pasture in summer', or something of the kind.

A Cornish word «gur-a-vau» is given by Borlase in the Vocabulary appended to his 'Antiquities etc. of Cornwall' (1769), and explained as 'a hermaphrodite, vulvatus homo'; but we can make nothing of this. C., however, was not extinct when he wrote, and he also had access to many written materials even now unpublished. We suppose that he 'divided' «gur-a-vau» thus through an idea that its parts should mean respectively 'homo-cum-vulvâ', but the only Cornish word that would change into «vau» is «mau» («u» = W. «w»), 'a boy'. It is possible, however, that «avau» is a mistake in transcribing «*avan», = W. «hafan», «hafen», for which see above. Or can the word have meant 'man-and-woman' («gur ha ben», «benen», or «benow»); the last part («vau») being a mistake, either for some not-recorded «*ban», or for a form like the W. «bun»?

A n u s.

One W. word is «rhefr», used, e. g., by

23*

Madawg Dwygraig[1] (M. A., I, 489ᵇ) in «Sothach oi refr a saetha», 'He shoots rubbish from his bum'. This word is still occasionally used for 'the arse-hole' in Nan., where the older inhabitants used to explain it as properly meaning (in animals, of which it is used as well as of human beings) the «perfeddyn bisweilio» or 'bumgut'. (For other meanings see under '*Diarrhœa*'.[2]) This word is the usual one in Brittany, where it takes the forms «refr», «revr», «reeur», and (especially) «reor», but is not commonly used in Wales. Another word is «cwthr», similar in its application to «rhefr». For its better known sense of 'vagina' see under '*Cunnus*': P., however, intimates that it means in some places the 'intestinum rectum' (= 'bumgut'), though it is not clear to which perforation (in mares and cows respectively) he alludes in his examples of «cwthr caseg» and «c. buwch». But the usual W. word for 'bottom, bum, backside, arse, or fundament' is «tin», fem., of the same origin and application as the Ir. «tóin»: used, (e. g.) in W.

---

1 This W. Martial lived about 1290—1340 (M. A., I, xxviii).

2 For the verb «rhefrio» and «rhefren» see under '*Lascivire*.'

L., I., 754, where it is said of a man who 'elects' to compensate a woman he has deserted: «talet geinha6c idi kyflet ae thin», 'let him pay her a penny as broad as her arse'; — rather an inconvenient medium of exchange! With the article prefixed, it becomes «y din»; and the Eng. 'arse-hole' is thus in W. either «twll (y) din» or «twll tin», which occurs (e. g.) in the following Triad[1], current once among the Afvonian youth: «Tri rhyfeddod a welodd y Diawl: Cont yn dal dwr a'i gwyneb i lawr, cal yn codi heb ddim burym, twll tin yn crychu heb ddim llinyn!» 'Three wonders that the Devil saw: a cunt holding its water with its face down: a prick rising without any barm: an arsehole puckering up without any string (to draw it together)'; of which the S. Card. version is:

«Tri pheth y sy'n rhyfeddod mawr;
Cont yn dal dwr a'i phen i lawr;
Cala'n codi 'i phen heb asgwrn ynddi;
Twll tin yn cau heb un llinyn crychu.»

'Three things are a great wonder: a cunt

---

1 It was evidently once meant to be a rhyming quatrain, in which assonances were substituted for true rhymes, for which see exx. under '*Mingere*' and '*Futuere*'.

holding its water with its end down; a prick rising without a bone in it; an arse-hole shutting up without a puckering-string.' (The last metaphor is taken from bags whose orifice is closed by pulling a string or tape tightly.) The phrase also occurs in a mysterious Merthyr 'nursery rhyme' (it was so termed to us) that runs:

«Nani gôt a Bily gôt a naw twll tin,
Esgid a hosson a'r na'll heb un!»

'A Nanny-goat and a Billy-goat with nine arse-holes, (one with) a shoe and a stocking, and the other without any!' We cannot explain these truly unsavoury - sounding beasts, but may add that in Glam. «Twll dy din yn wingco!» 'Thy arse-hole a-winking!' means 'Don't you wish you may get it?'; and it was in this sense that an old Glam. woman, who had been fined for some misdemeanour, on leaving the court turned round and said sardonically to the Judge «Twll 'y n'in i!», 'My arse-hole!' Here an Englishman, desirous of firing such a Parthian shot at his oppressor, would of course have said 'Kiss (or suck) my arse!' or 'Arse-hole! — and suck it!!'; but the exacter W. equiv. of the first of these phrases is «Dod» (S. W.)

or «Rho¹» (N. W.) «dy drwyn yn 'y n'in» (or
«i'm tin») «i» (or «yn dy din di !» or «i'th din
di !»), 'Put thy nose up my (or thy) arse !' So
common are such expressions in vulgar language, that an interpreter on the S.W. circuit
— a class whose chief qualification is to know
both languages equally vilely — is recorded
once, when the worse for liquor, to have
said to a unilingual witness to whom he was
administering the oath (and to whom he
should have said, in W., 'The truth, the
whole truth, and nothing but the truth ! Kiss
the book !') — «Y Din, y Twlldin, a dim
ond y Din! Cusanwch fy nhin i ! !» 'The
Arse, the Arse-(w)hole, and nothing but the
Arse ! Kiss my arse ! !': but we are not told
whether the last direction was carried out
in open court.

The Welsh, being mostly doomed from

---

1 «Dyro dy d.» etc. is also used in Nan. where the
following «pennill» is well known :

«Nid i garu do'is i yma,
Nag i roi 'nhroed i lawr yn ara',
Na chwaith i gyffwrdd wrth yr ysgub ;
Rho dithau 'th drwyn yn nhin dy fodryb !»

'It wasn't to court that I came here, nor to put my
foot down gently, nor yet to touch the broom: You go
and put your nose up your aunt's arse !'

their baptism to bear the name 'John Jones'
and some half-a-dozen other equally dismal
and as-oft-repeated names, are simply driven
to make nicknames, and some of these are
very curious. We remember a Carn. man
called 'Sion Gutto', who walked with a
peculiar jerky gait, and from its supposed
cause was invariably known as «Sion twll
tin uchel», 'High-arseholed Jack'. Now there
were some English residents in the neigh-
bourhood, who of course plumed themselves (more suo) on their total ignorance
of the language from which this singular
agnomen was formed: and they thus almost
succeeded in raising it to the dignity of a
surname under the form 'Toltinickel', which
finally succeeded in driving out of the field
the hybrid variant 'Hightulton' (= 'High
«twlltin»'), previously used by those English
who had a slight smattering of the W. ver-
nacular. The word «tin» is used without much
hesitation in parts of N. Wales, where it is indeed (generally speaking) considered much
less in the light of a low word than in the
S.[1], though the N. Card. rustics continually

---

1 See Silvan Evans' note in his edition of Ellis
Wynne's 'Bardd Cwsc' (Carmarthen, 1878), p. 93, where

speak of «tin y gert» (in Môn «tin y drol»), just as Eng. peasants talk of 'the arse of a cart'. So the N. W. say «Tin y clawdd[1]» for 'the side of a hedge or fence', but the S. W. «ochr y» (or «bola'r») «c.», 'the side (or belly) of the h. or f.'; the N. W. for 'in the shade of a bush' is «yn nhin y llwyn», whilst the S. W. is «ynghysgod» (or «dan») «y ll.» ('in its shelter' or 'under it'). In the literal sense of «tin», too, the N. W. say «ar ei din» for 'in a sitting posture', the S. W. «ar ei eistedd», 'on his seat'; the N. W. «rhowch eich tin i lawr», 'put your bum down', where the S. W. substitute the word «clun», 'thigh' (for «clun» and «eistedd» see below). The Glam. «dod dy din danad!», 'put thy bum under thee!' (i. e. sit down!') is no exception to the rule, for it is meant to be a vulgar phrase; but the expression

he refers to the free use of «tin» in the Bible, e. g. in Isaiah 20. 4, where the Eng. version has 'buttocks'; and the Revd. Dr. Briscoe of Holyhead (a N. W. man) has even used it there in his new translation of Isaiah (1853).

1 This expression is also given us from N. and even S. Card.: it must be remembered that this county is a border one, and that the N. Card. dialect (see note, p. 324) resembles in some respects that of Mer. spoken to the N., and in some the Dimetian, spoken to the S. of its area.

«iste' ar i din», exactly equiv. to the Warwickshire expression 'to sit on one's arse', and to the vulgar Eng. ones 'to sit on one's bottom' or 'to arse it', which all mean 'to sit lazily', may be heard almost anywhere in Wales. It is well illustrated by the following passage in F. F., p. 2.

«Fy anwyl bleser inne'
　　Ymhob man lle caffwy' i gyfle,
　　Ydyw yfed cwrw, ag eiste' ar fy nhin,
　　A chwidyr[1] drin merchede'.»

'My beloved pleasure, is, wherever I may get the chance, to drink beer, sit on my arse, and erratically roger the wenches'.

«Tindoll», 'holey-arsed', and «tinagored», 'open-arsed', seem the ordinary words for 'a medlar'[2]; w h y, anyone who has seen that fruit will at once perceive; and a common compound of «tin» is «tinrwth», 'gapearsed' or 'open-tailed' (= Gr. χαυνόπρωκτος[3]), used, as is also «tinagored», in the sense of

---

1 «Hen chwidryn» means what is called at Oxford 'an old piffler', i. e. 'a fellow who won't stick to anything', 'a rolling stone that gathers no moss.'

2 In provincial Eng. called 'a rotten-arse'.

3 Οὖ λῆψι χρύσο, χαυνόπρωχτ, Ἰαοναῦ. Aristophanes, 'Acharnians', 104.

'open, full of holes'; thus Dafydd[1] ab Gwilym (p. 279) uses the former in his poem «I'r murddyn» of a yawning ruin. Moreover, some out-of-the-way places in Wales are called «Twll tin (y) byd» or 'The World's Arse-hole', especially a narrow pass between and under rocks on the ascent of the precipitous sides of Llyn Dulyn near the Conwy; at least, it is so called by the men, for the women (and perhaps the clergymen) of the district speak of the same place as «Llygad Nodwy' ddur», 'the Needle's eye'. A part of the road between Aberystwyth and Tal y Bont (N. Card.) is also called «T. t. b.»; the reason here being that owing to the sudden turn of the road and depression of the ground nothing can be seen from the spot but the sky overhead. The Liverpool Welsh call the lowest part of that place by the like opprobrious name, much as in English slang the slums of a town are designated its 'arse end'; and the celebrated W. poet of the 15th century,

---

1 Abbrev. 'D. G.' 'Barddoniaeth D. ab Gwilym', London, 1789. He was born about 1340, and was living in 1399.

Lewis Glyn Cothi,[1] lived at a place then and still called «Pwll Tinbyd»[2] 'The World's arse hollow (or pool?)' near Cynwyl Caio in Carm.[3]; but the word is not nearly so common in the local nomenclature of Wales, as its congener «tóin» is in that of Ireland.

It happens that «y din» and «y dyn», 'the man', are pronounced alike in parts of Wales, so that care must be taken by the unwary, would they avoid ridiculous *bévues* in using the latter expression. The Welsh have revenged themselves on the English ecclesiastics who till quite recently were in possession of all the 'plums' of the Church in Wales, by recounting innumerable stories of the absurd situations in which their spiritual shepherds were placed in attempting to speak Welsh. One, for instance, is said to have been eternally preaching on «twyll dyn», 'man's (or human) deceit', but from his pronunciation of these words his harangues appeared to be addressed to the nether ori-

---

1 His (incomplete) works ('Gwaith Lewis Glyn Cothi', Oxford, 1837, 2 vols.) are abbrev. by us 'L. G. C.'

2 Is this a euphemism for an original «Twll tin byd»?

3 = Carmarthenshire.

fices rather than to the ears of the large
congregation which the subject invariably
attracted to his ministrations. It is related,
of a Dean in N., of a Bishop in S., Wales,
how he commenced his parochial visitations
by looking into an old woman's cottage
and asking her point-blank 'how that old
bum of hers was?' for he said «Sut» (or
«Siwt») «ma' dy hen din di?» instead of
«Sut ma' dy hen ddyn di?» 'How's thy old
man?' — with the natural result of having
the door promptly slammed in his face.
We may add, parenthetically, that even what
he meant to say would have given great
offence, as «gwr» (= 'vir'), not «dyn»
(= 'homo'), was of course the proper word
to use in such a connection, if he didn't
wish to insult the old dame. A third
story relates how a Bishop, learning W.
from a rough Northwallian curate, was
reading aloud St. John's Gospel, and made
his preceptor coldly smile by making «Mab
y Dyn» 'the Son of Man', into «Mab y
din»! On learning the cause of such un-
seasonable mirth, that dignitary is recorded,
there and then, to have given up all further
attempts to learn a language that lent itself
to such appalling blasphemies!

In N. Card. the process of anal friction undergone by a man when riding is always designated «hogi ei din» or 'whetting his arse', while the result is called «y bildin» (from «pildin»), 'the arse-peeling'; and we may add that a married couple who do not live very peacefully together are said in N. Wales to «dondio a chysgu'n dindin», 'to scold and sleep arse to arse' — a position adopted by Pwyll and the Lady of 'Annwfn' in the Mabinogion,[1] (III, 7, 8) though Lady C. Guest is as prudish with this Platonic Prince and intangible damsel as Byron was with Don Juan[2] and Catherine the Great, and declines 'to follow them beyond the drawing-room' at p. 42. The contrary position for close operations is denoted by a word similarly formed (from «tor», 'belly'), viz., «dordor», 'belly to belly', occuring in the following passage from a MS. Interlude[3]:

«Ond gwell oedd geni nag ymladd blin
Gael chware dewrdin dordor.»

1 Abbrev. 'M a b.' Llandovery & London, 1838—49 (3 vols.) edited and translated by Lady Charlotte Guest.

2 Canto X, Stanza 5.

3 Abbrev. 'MS. Int. (1).' 'Enterliwt ar Groniel y Cymry o amser Brutus hyd Sior y trydydd.'

'But I would rather play at doughty tails belly to belly, than engage in the bitter fight.' D.G. has «groengroen» (from «croen», 'skin') in the same sense, as in «g. ar ddyn» ('skin to skin with the fair one'), p. 281. We may here add the similarly‑formed words «drwyndrwyn» (from «trwyn», 'nose'), used of persons having a «tête‑à‑tête»; and the verbal equivalent of that Fr. expression, «benben», which, however, is only used of hostile encounter. The word «tin» occurs very commonly in «tindrosben» or «dimbendrosben», lit. 'arse over head', but answering in usage not to the vulgar Eng. 'arse over tip' (or 'tit') but simply to 'topsy‑turvy' (in describing a fall). We may mention that «Dinorben», the name of a well‑known district and *château* in Den. was, some time ago, adopted as a title by the head of one of the chief N. Welsh families; who, to his consternation, was assured by his Welsh‑speaking friends (sic fama) that his title might be Englished 'Lord Arse‑over‑tit' («Arglwydd Din o'r ben»). Now this phrase should («pen» being masc.) be either «Din o ben» or «Din o'r pen»; we do not believe that it exists, but «Si non è vero, è ben trovato». «Tin» is likewise used in quite a colourless way (like the Eng. 'bottom') in such words as «tincwd» (or «tin cwd»), 'the bottom of a bag', or the plant-name «y dinll-wyd», 'the hoary-bottom', i. e. the 'silver-weed' ('Potentilla anserina'), so called from the white under-side of its leaves. «Tin» is also used for the private parts, like «cynffon» (see below) and the Eng. 'tail'; but for this see under *Penis* and *Cunnus*.

Of the more 'proper' words for the part, «eistedd» has been mentioned; it answers exactly to the Eng. 'seat', except that it seems to be more of a colloquial expression. «Cyfeis-tedd», «eisteddfa» («Meddygon Myddfai[1]» p. 202, § 533), «cyfeisteddfod» and «eisteddfod», i. e. 'seat', are also used in books, but not in common language, in which «Pen ol»,

---

1 Abbrev. 'M. M.'. The title means 'The Physicians of Myddvai', and the work was pubd. at Llandovery in 1861. The first part (to p. 34) is copied from an old MS. of early 13th century date in the Red Book of Her-gest (col. 928); the remainder consists of a much longer and later treatise transcribed in 1743. That celebrated MS. Book (abbrev. 'R. B.'), an indifferent catalogue of whose contents is given in 'The Cambro-Briton', II, 75, 106, (London, 1821), is in the Library of Jesus College, Oxford; Skene (II, 423) ascribes its contents as far as col. 999 to the earlier, and from thence to col. 1143 to the later, part of the 14th cent., the remainder to the 15th.

'the back end' (answering to the Eng. 'nether end' or 'backside'), is an ordinary euphemistic term. There is a place called «Pennal» in the Vale of Dovey, and English visitors there will insist on turning themselves into a jape by pronouncing it as though it were written in Eng. «Penawl», which to a Welshman's ear sounds just like «Pen ol». «Bôn» (i. e. 'the stem, trunk, or lower part of anything'; Ir. «bon», «bun») is often used by the poets for 'the bottom': we find, e. g., in M. Dwygraig (M. A., I, 488ᵇ)

«Gafr hyfram fawtgam fwytgais fon llommach
  No llumman Llanferrais»

'Fartous, crook-thumbed, food-hunting bitch, with bum barer than Llanferres Beacon[1]!' «Bon» is also occasionally thus used with qualifying words; as in the following from C. a T. p. 14, which serves to explain its particular application to the 'bottom'[2]:

---

1 Probably one of the 2 bare rounded hills now known as «Moel Fammau» and «Moel Fenlli» respectively, close to Llanferres on the borders of Den. and Flintshire. Compare as a mountain-name «Pumlumon», 'The five Beacons', corruptly written 'Plynlimmon' by the English and renegade Welsh.

2 For exx. of «bon» see G. Glyn's poem printed at the end of 'Penis' and the «Englyn» there subjoined.

«Fe deimliff y dyn gan wasgfa 'n ei wyn,
A nesu tua 'r bennod rhwng bon eich dwy
glun»,

'The man will feel you, squeezing you in his
lust, as he gets near the (end of the) *chapter*
at the base of your two hips'. («Clun», by
the way, in B. means 'fesse', and the C.
«duklyn» in M.[1] l. 3312, 'deux fesses', but the
W. «Clun», in spite of the phrase given above
at p. 361, line 15, means 'the hip, the haunch',
rather looked at laterally than a posteriori,
as is shewn by the literary expression «wrth
ei glun», 'at his hip', said of a sword hanging,
or a companion walking, by a man's side.)
The compound «bondew», 'fat-arsed', will
be found in the Cywydd of Tudur Penllyn,
given at the end of '*Cunnus*', but the word
is also used in the quite innocent sense of
'thick', as in «gwair bondew», said of a 'thick'
crop of 'hay'. Lastly, the Welsh term «coch
a bonddu», 'red and black-bottomed', is in in-
cessant use by English anglers to designate a
favourite (fishing) fly, under the form «cock-
abondy» or «cockabundy»[2]. «Bon» also bears

---

1 See note, p. 379.
2 Tom Hughes in 'Gossiping Guide to Wales', by
Askew Roberts, p. 184 (ed. Oswestry, 1882).

the secondary sense of the Latin 'stirps' and
Latinized 'stemma'; and «bonedd» thus
means 'the having of a stem, i. e. gentility',
«boneddwr» (i. e. 'one with «bonedd»'), 'a
gentleman', etc.

From «bon» and «tin» together, the buttocks, in Germ. 'hinterbacken' (or 'hinder
cheeks'), and in popular Eng. 'the cheeks
of the arse', are called «bontinau», the singular of which occurs in «A oes gont dan dy
fontin di?», 'Y a-t-il un con sous ta fesse[1]?'
The term, however, answering best to the
Latin 'natis' is perhaps «ffolen», a word
of obscure origin, used in I. Sam. VI. 4,
where the English Bible has 'haunches' (in
'five haunches of gold') and the Vulgate
'anos': it is still used in Nan. in the poe-
tical phrase «Aiff i lwyn ei ffolenau». 'He'll
go to the bush of her buttocks', but is
especially common in S.Wales. Another word,
«pedrain» (C. «pedren») also occurs in literature for 'the buttocks' or 'a buttock'. It is
evidently a subst. made by the addition
of a termination to «pedr-», the form

---

1 The 'cynghanedd sain» between «gont» and «fontin» makes us think that this comes, in its original form,
from some poem. For a curious ex. of «bontin», see
under 'Testiculus'.

often assumed by «pedwar», fem. «pedair»,
'four', in composition; as in «pedryal»,
«pedryfan», 'four-square' (cf. C. «pedrevan»,
'newt, lizard'), and «pedrongl» (from «ongl»),
'four-cornered', etc. «Pedrain» thus originally would have meant 'a quarter of an
animal', then have been narrowed to the
sense of a 'hind quarter' or 'buttock',
and thence subsequently extended so as to
mean 'both buttocks' or 'the rump'. In the
poem of Gutto'r Glyn's quoted at the end
of '*Penis*', and in W. L., I, 452, 780 (in all
of which passages human beings are spoken
of) it has the collective sense, whilst D. (1632)
and P. (1803) give it in both senses: but W. S.
(1547) only explains it as a 'buttocke'. P. gives
«Pedrain march», 'a horse's crupper', whilst
the plural «pedreineu» occurs in exactly the
same sense as early as 1300, in 'Historical
Triad' No. 43 (See 'Y Cymmrodor', III, 59).
The hollow between the «bontinau» is called
«rhych y din», 'sulcus podicis', occurring
in the following line by a modern Bard:
«O rych ei din pe rhechai diawl»,
'If the Devil farted from the furrow of his
Arse'.

In the case of animals, especially the
horse, the tail (considered as apart from the

«rhawn» or hair on it) is sometimes called «cloren», a dim. from «clawr» 'a board or lid'[1], and meaning 'a little shutter': but the general word for 'a tail' is «cynffon», the latter part of which appears to come from «bon». Other words for 'a tail' are «c\̇t», used in Glam., from the Eng.; «llosgwrn», occurring in the W. L. (e. g. I, 516); and a much rarer word, «llost», (which in C. and B., however, is the common one), whence the old word for 'a beaver', «llostllydan» or 'broad tail' (see W.L., I; e. g. p. 288), with which we may compare the C. «lostec», 'a fox'. From «bon» and «llost» was formed the word «bonllost», and both this and «llost» seem early to have become specialized into the sense of 'a cock'. (See under 'Penis').[2]

---

1 For another use of «clawr» see under 'Cunnus'.

2 Stokes, in his 'C. Glossary' (abbrev. 'C. Gl'.; London, 1870) explains «Lost» as a local term in the name of the C. town «Lostwithiel», (quasi 'the end of the irrigated land'), citing the following passage in L. L. 70 for a similar use of the W. word: 'Finis ejus, «or nant dylicat nant yr eguic, o nant ir eguic cehitinant dirheith tir rud ini perued ir coit behit pan a nir hal melen behet pan cuid in lost ir mis o lost ir mis hit bronn ir alt»', where the 'Hart's Brook' is said to 'fall' from 'the yellow moor' 'into the «lost» (or 'tail') of the Mis'; and his conjecture is supported by the expression «llosgwrn

In C. «kyl» (= W. «cil», 'a recess, the back part of anything', Ir. «Cúl», «Cúil») is said in C. Gl. to mean 'culus', but its usual sense is 'neck' («Chil», 'cervix', C. Voc.; cf. B. «chouc ar c'hil», 'nuque', Gael. «cul», 'occiput'), and in one of the passages cited in C. Gl. (s. v. «Kyl») viz. P. [1] Stanza 165. 4, «war bol y hyll», the phrase is «pol cyl», which we know from Ll. to have meant 'the back of the neck'. The same sense is probably borne by the «cil» in the other passage cited (O. 1781) and by the ἅπαξ λεγόμενον «cylban» (C. W. [2] 1114, end of line), also said to mean 'culus' by Stokes and Wms., but for which

---

y traeth» ('the end of the sands') occurring in a poem, ascribed to Casnodyn, and taken from the 'Iolo MSS.', printed in «Yr Haul», No. 323 (November 1883), p. 523. We think that the «lost» of L. L. means either a narrow coombe, extending up into the moorlands, or else 'a waterfall', like the «Cynffon y Gaseg wen» (also known as «Rhaiadr y Parc», 'the Park Waterfall') at Llanrwst, the name of which exactly corresponds to that of the 'Grey Mare's Tail' Fall, near Moffat in Scotland.

1 I. e. 'The Passion, a Middle Cornish Poem' (otherwise called 'Mount Calvary'), ed. by Stokes for the Philological Society, London, 1862.

2 I. e. '«Gwreans an Bys», The Creation of the World, a Cornish Mystery.' Ed. by Stokes for Phil. Soc. 1864. It is of the 16th cent., the 'Passion' of the 14th.

the former would read «kylbyn» and the
latter (Dict.[1] s. v.) «kylbah», in order to make
it rhyme with lines that precede[2] and follow
respectively; but in any case the termination
seems obscure. The common C. words were
«tyn», the same as W. «tin», and «gwen»,
an obscure word, both occurring in the
following passage (R. 2355, of course para-
phrased by Norris[3], II. 177), supposed to be
spoken by a tailed Devil:

«Ye re gymmy tol ow guen
rak yn mes yma y pen
sur pur hyr aves thu'm tyn.»

'Yea, may you kiss my arse-hole, for its end
(i. e. my tail) is indeed pretty far out of my
bum.'   «Gwen» is, we think, to be equated

---

1 See note, p. 379.

2 An examination of the original MS. in the Bod-
leian Library, Oxford ('Bodley MSS.' 219) shews that the
line cannot possibly have been meant to rhyme with the
two immediately preceding lines. In the British Museum
copy ('Harleian MSS'. 1867) Keigwin translates it 'mid
dock'.

3 'Ancient Cornish Drama', by Edwin Norris; 2 vols.
Oxford, 1859. The 14th cent. plays in these volumes are
so designated: 'Origo Mundi', 'O.'; 'Passio Domini', 'D.';
'Resurrectio', 'R.'. At the end of vol. 2 is printed the
C. Vocabulary of the 13th cent. (abbrev. 'C. Voc.') from
'Cottonian MSS.', 'Vespasian, A. 14.'

with the B. «c'hwen», existing only in such
phrases as «a c'hwen» or «a c'hwen he
groc'hen», 'sur le dos, à la renverse', and
«a c'hwen ma c'horf», 'étan trenversé'; also
in the compound «c'hwenia», 'coucher, se
rouler sur le dos (comme font les animaux)',
also 'renverser sur le dos'. So we have in W.
«gwysigen», 'a blister', side by side with
«chwysigen» 'a bladder'; «gwaen» or «gwaun»,
'a meadow, moor', becomes «chwaen»[1] in
several Môn place names; whilst 'to play',
in Mod. W. «chwareu», is in O. W. «gwareu»,
and in C. «gware», but in B. «c'hoari».

Abdomen see '*Inguen*'.

Cacare.

The ordinary word is «cachu», occurring
(e. g.) in the following lines: (F. F. p. 24),

«Ni wn i pa fodd bydde rhai mor syth
    Yn plygu fyth i gachu.»

'I can't make out how such stiff people can
ever stoop to shyte'. It occurs in an old
proverb redolent of rustic observation: «Cos

---

1 «Ch» before consonantal «w» is pronounced as a
guttural in N. W., but as an «h» in S. W. (except in a
few words). It was often written «h» in S. W. literature,
and in C. the combination is written «wh».

din y taeaôc ynteu a gach yth voss», 'Stroke a
boor's arse and he will shyte into thy palm.'
This looks as if it ought to be a rhymed
couplet, but it is so old in the form given
that the unrecorded word «bos», which
means the 'hand' (probably 'the open hand',
= Ir. «boss», 'hand, claw, palm') was un-
intelligible even to D., who in the list of
Proverbs appended to his Dict. substitutes
«dwrn», 'a fist', for it: but «uos» is the word
in the R. B. (col. 1061) and «voss» in the
list of Proverbs at the end of Hengwrt MS.
No. 202.[1] «Cachu» is also used as a subst.,
and forms the colloquial word for 'excrement',
as in the following effusion by a Glam. bard:

«Ma' Betsi o'r *City* yn 'yswi' o lew;
Ma'n cwiro i menyn trwy 'r baw a thrwy 'r
blew;
Myn'd ag e i'r Llwyni yn itha' dehe',
Gan ddweyd, 'Dyma foddion *net* gyda
thê!'
A 'r men'wod yn d'wedyd, gan gwrlo i min,
Ma'n debyg i gachu yn dod o dy din!»
Siams o'r Bettws a'i cant.

---

1 Pubd. in 'Y Cymmrodor' for 1884. The latter MS.
is of about 1300; the part of the former where the proverb occurs was written 1376—1400.

But the old noun is «cach»; from which, compounded with «ci», 'a dog', 'a coward' (otherwise termed «cachadur»[1], 'a shitter') is called «cachgi». This word is frequently, however, especially in S. Wales, used far more opprobiously.   In this respect it somewhat answers to the old Eng. word 'tomturd', (from «turd» = 'excrement'); and a man who in Eng. would be called 'an old shit' would in W. be called «yr hen gachgi», or (more simply) «yr hen gachu»[2], with the epithets «sal» or «gwael», 'mean, miserable', often added.   «Cachast» («gast», 'a bitch') would be used of a woman, and the stronger «cachgi diawl!», 'you coprolitic dog-fiend!' or (more idiomatically) 'you bloody shit!' may be frequently heard used in quarrels (even by women) in some S. W. towns known to us, on Market or Fair days.

---

1 We presume from the supposed effect of fear on the bowels. 'Ita sunt commota viscera mea, ut ego fere facerem totum in caligis meis', dit Bèze dans son Passavant.' 'Noei Borguignon'; Dioni (Dijon), 1720, p. 329 [par M. De La' Monnoye].

2 M. de Belloguet ('Éthnogénie Gauloise ; 1ʳᵉ partie, Glossaire Gaulois', Paris, 1872, p. 87), makes the celebrated Gaulish exclamation «Cecos Cæsar!» to mean something very like «('R hen) gachu Caisar!»

The Irish word answering to «cach» is «cacc», which occurs in many place-names: so a once-half-ruined-and-hence-much-beshitten ("«conchié») old mill has given the name 'Mullinahack' («Muilenn a' chaca», 'Shit-Mill'), to one of the streets of Dublin. (Joyce, 'Irish Names of Places, 2nd series', Dublin, 1875, p. 162—163).

The C. word is given by Ll. 154° as «câɥh» («h» = W. «ch»), and in late C. the guttural was dropped; hence the adj. «cawys», 'dirty', given by Pryce. [1]   The old form, «caugh»,

---

1 'Archæologia Cornu-Britannica', by Wm. Pryce, M. D., Sherborne, 1790. This was written by Tonkin and Gwavas, Pryce being a mere plagiarist, as discovered by Prince L. L. Bonaparte, the owner of the original MS. The standard C. Dict. is one by the late Canon Williams (Llandovery, 1865; abbrev. 'Wms.'); but he did not nearly exhaust the vocabularies of his predecessors, or clear away the difficulties occasioned to the student by the mistakes and the bastard words that they or the copyists of their works made and concocted. Stokes' excellent 'Glossary' (see note, p. 373) supplements this Dict. without exhausting the vocabulary. Moreover, the since-discovered 'Beunans Meriasek' (abbrev. 'M.'; 'The Life of St. Meriasek', a drama of the 15th cent., ed. by Stokes, London, 1872) has furnished hundreds of new words, which Wms. embodied in an interleaved copy of his Dict. with a view to a 2nd edition, never published in consequence of his death in 1881.

occurs in the compound «caughwas»[1] (from «gwas», 'a servant, youth, or fellow', and answering to the W. «cachgi») in Norris' C. Dramas. Now «caugh» (which in W. orth. would be «cawch») exactly answers to the B. «kaoc'h» 'shit', (explained in Cath.[2] as 'ruder, cest estront de beste menue': and «caoch hoarn» as 'g. escume de fer, l. rubigo, scoria'), in V. B. (and other B. dialects?) «koc'h», which two forms exist side by side with «kac'h»; and so both C. and B. seem to postulate an original «* cāc», whilst «cach» and Ir. «cacc» point to a «* cacc», and the Lat. «caco» to a «* cac»; whilst the Manx «cugh» (existing side by side with «keack»), 'filth, ordure, dung', is not easily reducible to any of these bases.

A secondary (participial?) base «* cact-» appears to occur in the B. «kaézour», 'filth', so unaccountably mixed up with «kézour», 'puberty' (see under '*Pubes*'); for we take the «z» of the former to stand for a W. «th» (not a W. «dd» or «s») and «-our» to be an old plural termination, analogous to those

---

1 For an ex. of «caughwas» see '*Pedere*'.

2 'Le Catholicon de Jehan Lagadeuc, 1499,' éd. par M. Le Men.

adduced under '*Pubes*', so that the base
of «kaézour» would in Welsh be «*caeth-»
(if it there existed) for an older «*cact-»;
but no traces of such a stem, in the re-
quired sense, are now to be found in W.;
and it occurs to us that a word «*caeth»,
'dirty', may have been made to become obsolete through the existence in W. of another
«caeth», in the sense of 'captive' (= C. «keth»
'plebs, plebeius'; B. «keaz», 'gueux, misérable';
Ir. «cacht», all possibly loan-words from Lat.
'captus'). «Caeth» moreover is in S. W. pronounced «ca'th», very like «câth», 'a cat';
hence an additional source of confusion.[1]

It is just possible, however, that a «caeth»,
'dirty', may be preserved in some W. local
names. Two of the Commots (W. «Cymmy-
dau»; so the old W. subdivisions of the
«Cantrefi» or 'hundreds' are called) of the
Vale of Glam. bore the names of «Uwch
Caeth» and «Is Caeth», i. e. 'above' and 'below
the «Caeth», respectively. Now several

---

1 The Southwallians are accused by their Northern
brethren of making a verse of a hymn that runs «Rhyddid
cu i enaid caeth !», 'Sweet freedom for a captive Soul !'
into «Rhyddid ci i ened cath l', 'The freedom of a Dog
for the soul of a Cat!'

similar pairs of Commot-names occur in
Wales, the last part of them being nearly
always the name of some river; and, from
Pughe's[1] Map of the Ancient Divisions of
Wales, the stream meant appears to be the
sluggish one flowing into the «Nadawan»
(L. L. p. 250, now «Dawon» or «Ddawon»,
Anglicè «Thaw») at Penmark, and called in
the 'Cambro-British Saints'[1] (Llandovery, 1853)
p. 45, the 'Remni minor' or Lesser Rhymni,
to distinguish it from the larger Rhymni
(Anglicè 'Rumney') dividing Monmouthshire
from Glam. Its name is also mis-spelt there
and in L. L. pp. 149, 249 (where its locality
is further indicated) in various ways that all
seem traceable to miscopying an old «Guo-
rimni» or mediæval «Gurimni», of which
word the first part appears to come from
«gwrym»[3], «gworm», or «gwrm» (fem. «gorm»),

---

1 This map appears in the edition of Powel's 'Hist. of
Wales', published at Merthyr Tudfil in 1812 (8 vo.): also
in the 3rd edition of Warrington's 'Hist of Wales',
published in 1791. (London, 2 vols., 8vo.)

2 Abbrev. 'C.-B. S.'

3 «Gwrym» occurs in the old heroic poem of the
«Gododin» (ed. by Ab Ithel, Llandovery, 1852, who
numbers the lines, and by Skene, op. cit., who does
not) in «gwrymseirch», l. 339, and «gwrymde» l. 666,

'dusky', and the last part perhaps from «gne», 'colour'; and «(Afon) Wrymne» 'the Dusky-coloured (River)', might, the «w» being made nearly silent (as in «gwna», mutated «wna»), be converted into «Rymni», whence (by false analogy) «Rhymni». This would confirm our etymology of «Caeth»; and, however that may be, the river referred to certainly runs mainly through liassic limestone, which always discolours more or less the rivers flowing through it; we would adduce too, in support of our guess, the river-names «Bawddwr» (Gwent uwch Coed[1] and Llan-

---

(Skene, I, 73, 84 and 105). The Dartmoor river 'Erme' is probably from its fem. «*gwrem» (or perhaps from «*gwerm», fem. of «gwyrm»); whence «(Afon) Wrem» (or «Werm». It is an impetuous and destructive stream, of short course for its size: hence it floods and becomes turbid more rapidly than the neighbouring rivers.—We forgot to say that a third edition of the Gododin, edited by Stephens (author of 'the Literature of the Kymry') is now being published by the Cymmrodorion Society.

1 L. L. 71. «Gwent uwch Coed» was the old name of Gwent (see p. 329, above) N. of the forest-ridge of «Coed Gwent», now 'Wentwood'. The Llandovery Bawddwr is called «cachlyd», 'shitty', in the following rhyme describing the streams that meet in that town:

«Bran a Gwydderig
A Thywi fynheddig
A Bawddwr fach gachlyd
Yn rhedeg trwy'r dre'.»

dovery), 'Dirty Water' (See on «Baw» below),
and the name «Guormuy» (L. L. pp. 42, 127)
applied to a turbid stream in «Erging» or
'Archenfield' (Welsh Herefordshire), now (for
that district is Anglicized, alas!) called 'the
Worm'.   And we may compare the Ir. use
of «cacc», in the (Anglicized) river-name
'Cockow' (i. e. 'Shitwater') in Kerry, and
such place-names like «Cac-an-thóid» (Anglicè
'Cackanode'), 'the dirty part of the soil', and
the Anglicized name 'Ballycocksoost', the
town of the shitty flail' (Joyce, page quoted
above)[1]. Another word is «caca», which is used
as a nursery word just as it is in England
and France; but it also occurs in the sense
of 'dung' in the well-known plant-name
«cacamwci», which must mean 'the bogie's'
(or 'boggart's') 'dung', applied to the burdock
and burweed (see under '*Pubes*') just like
«cedowrach». In B. we find a secondary form
«kakac'h», but in C. «cac» and the verb «caca»
appear as full-blown words. In Eng. we also
have the verb 'to «cack»' in Lancashire and
elsewhere (which may however possibly be
from the O. W. once talked there, and

---

1 There is also a brook «Caethon», flowing into the
Elan (Radnorshire).

either borrowed before «* cacc» had been made into «cach», or a corruption of the latter); and «cake» also occurs, as in Andrew Borde's 'Fyrst Boke of the Introduction to Knowledge', C⁴ (reprinted, London, 1814), where he says of Cornish ale that 'it wyll make one to kake, also to spew.' The uninfected final «c» shews that these words are only loan ones in the British languages (C., B. and W.). The word «cachfa» is used for 'dung' in the medical MS. of the 14ᵗʰ and 15ᵗʰ centuries preserved in the British Museum ('Additional MSS.' no. 14912, fo. 51): «Rac heint marchogyon dot galchua[1] paun a gwreidd redyn ac ef a uyd iach.» 'For piles apply peacock's dung and fern root to the sufferer (or 'the part'), and it will cure him.' M. Dwygraig's «gwrthban Gwrthben[2] ugain cachfa» M. A., I, 489ᵃ) may mean 'a blanket in which twenty turds have been wrapped', but the passage is obscure, as well as obscene. With this «cachfa» may be compared «chwydfa», 'a vomit' (from «chwyd», 'spew'), occurring in (e. g.)[3] P. C.

---

1 A mistake for «gachua», i. e. «gachfa». A later copy reads: «Rhag glwy y marchogion dod wrtho gachfa pavn a gwraidd rhedyn ag ef a fydd iach.»

2 «Gwrthben» is 'a fastening'.

3 «Yn awr troi 'nol i'th hen ffieidd-dra
     Fel hwch i'r dom, neu'r ci i'w chwydfa!»

G. p. 55, «ci yn troi yn ol i'w chwydfa», 'a
dog returning to his vomit.' This «-fa» comes
from «ma» (originally 'a field', later 'a place',
occurring in «Gwynfa», (= Ir. «Fionmagh»),
'the White Field', a district in Powys,
and «Brechfa», 'the many-coloured field' (in
Carm., Brec., Glam. and Monm.): and, in the
radical form, in «Ma Mouric», 'Meyrick's' (or
'Maurice's) 'field', L. L. p. 197, «Mathenni», now
called «Llandenny»[1], 'the field or church
'of Tenni', p. 198 (both near Raglan, Monm.);
«Machynlleth», 'the field of Cynllaith', «Mall-
wyd», 'the grey field' (both in Mont.[2]);
«Mathern» (Monm.), for «Ma Theyrn», 'the
field of the king (Tewdrig'; see L. L. pp.
133—5); «Mathafarn» (Mer. and Môn; see
also Skene II, 33, l. 31; the same as «Batha-
farn» in Den.), 'Ager Tabernæ'; «Mathrafal»
(Mont.), 'the field of Trafal' (for «Trafal»
see Skene, II. 285, l. 19): and possibly
«Mechain» (Mont.) and «Machen» (Monm.),

---

1 See Mr. Wakeman's excellent 'Supplementary
Notes to the Liber Landavensis', p. 14, printed at the end
of 'C. B. S.', but forming an indispensable supplement to
the L. L.

2 = Montgomeryshire. 'Monm.' = Monmouthshire.
'Pemb.' = Pembrokeshire. 'Brec.' = Breconshire.

both for «Ma chain», 'the fair field', and
«Mathru» (Pemb.), 'the field of woe' (?) (from
»tru»): its aspirate government is all that
remains of the guttural which its Ir. equiv.
«Magh», 'field', shews it to have lost.[1]
«Cachfa» and «Chwydfa» must thus originally have indicated 'a p l a c e where the
dung (or 'spew') was deposited'; hence
'the dung or spew itself': analogous is the
a b s t r a c t use of the word in «golygfa»,
lit. 'a sightplace', but meaning 'a view' (i. e. 'a
prospect'[2]), «llewygfa», 'a fainting-fit', «cnofa»,
'a gnawing (of the stomach)', and «powysfa»,
'a resting place' in the O.-W. «poguisma deui»,
'David's resting place' (in Glam.; L. L. pp. 149,

---

1 It has occurred to us as just possible that we
may have the old form in «Lannluit Machumur» (i. e.
«Machou maur»; = 'Ll. of the great fields'?) now Llan-
llwyd, near Monmouth (L. L. 230—1) and in «Machynys»,
(= 'The Field Inch'?), L. L. p. 180. These may, however, be from «bach» or«mach», 'a crook, bend', whence
«Bachegraig», «Bachymbyd», etc. (in Den.) and probably
the «Machlas» (= «Mach» + «glais», 'a brook') that has
given its name to Glanmachlas near Towyn, and «Y
Fechlas» («Mechlas» or «Bechlas»), a river near Mold.
There is also another «mach», 'a surety, pledge', from
which «Machynys» might come.

2 'A view' in the sense of 'an opinion' is in W. always «golygiad», which never means 'a view' in the
sense of «golygfa».

25*

249), but in C. 'rest', as in «dyth a bowesva»,
(O. 145), 'Day of Rest', etc. «Pridd», properly meaning 'clay', is also used for 'human
ordure' in parts (e. g. Merthyr), and also in
M. M. 94 (§ 25) and 164 (§ 347), in the last
of which passages the powdered fæces of a
young boy are recommended to be drunk
of white wine as a cure for the Plague.
P., however, gives the word as a 'delicate
('Silurian') term for the ordure of an animal.'

Of euphemisms for «cachu», we may mention
«myned wrth faes», 'to go afield', used in
M. M. (e. g. p. 187), and (besides «plygu»,
already cited) «crymu», 'to bend', is used of
a woman in «Ni chrwm heb ddyrchaif ei
chrys» (in the poem quoted at end of 'Pedere'), whilst in N. Card. a man is said to
«llaesu» (in Arfon «troi») «ei glos», 'laxare'
(or 'vertere') 'braccas'.

The dung of different animals is called
by various specific names.

The Nan. term for the dung of cattle and
horses is «biswail», whence a verb «bisweilio»,
to drop dung'.[1] (See too under 'Anus' and
'Diarrhœa'). The noun is there used of
dung lying in a field: which, however, when

---

1 These words are usual all over N. Wales, we believe, in this sense.

in a sufficiently dried-up state to be used as fuel by the poorer people, is called «gleiad», plur. «gleion»; («gleuad» in **Arfon**, «glayad» in W.S., «glaiad» in D.= C. «glose» i. e. «glôs», C. W. 1092 ; the Eng. equivalent of this seems to be 'blake' or 'blakes'). An important officer of the old W. princes was called «Maer y biswail», 'The manure Bailiff', («mayr bysgueyl», W. L., I, 62. See too p. 34 et passim), whose office was to 'receive the cattle purveyed for the lord, and superintend the demesne lands'; such an extension of such a title shews the vast importance attached to manure in early times. The adjective «bisweiliog» occurs in «Dugleis bisgueiliauc», 'Dungy Dulas', a place on a river Dulas or Dulais near Llandeilo Fawr (Carm.) mentioned in L. L. 75, with which we may compare the place-name «Rhyd y Biswail», 'the Dungy' (or 'Pissy') 'Ford', borne by spots in Llanwrin (Mont.) and in S. Card. In S. Wales «biswail» is used only of liquid farm-yard or cow-house drainage[1], and in N. Card. only in the form «piswail», which probably owes its existence to an idea that it comes from «pis», 'piss'. Possibly some notion of this kind may have been present in the minds of

---

[1] Called «lleisw» in Nan. See under *Mingere*.

the inventors of the name by which the
stranger English were once generally known
in Wales, viz. «Plant y biswail», sometimes
«Plant Alis» or «Plant Alis y biswail», 'children
of Alis of the «b.»'. for the expression seems
an analogous one to the Eng. 'piss-begotten'.
D. however, gives «biswail» as simply meaning 'foria, onchos'; the former of which
words meant 'flux in swine, diarrhœa' (hence
Fr. «foire»), and is by D. elsewhere explained
by «pibau» (= 'squitterings'). «Tom»[1] is
a generally used word; but whilst in some
parts (e. g. N. Card. where «dom», is the
radical form, mutated into «ddom») it
means 'cow- or horse-dung, in a dung-heap,
or with reference to its proximate use as
manure', and sometimes simply 'mire' or
'dirt' (the sense given by Sal. and D.; see too
the citation under «cachfa»), in Nan. it is used
convertibly with «baw» of 'the droppings of
cats, geese, of all poultry, and of wild fowls'
(but not of game birds; see below); and so
it is used of geese and doves respectively

---

1 «Tom» seems originally to have meant 'a mound,
heap' and, to be a loan from the Eng. 'tomb', and its
dim. «tommen», in «Tommen y Bala», «Tommen y Mur»
(Mer.) etc. means 'a mound for purposes of defence';
and it also often means a true tumulus.

in M. M. 192 (§ 494) and 208 (§ 558). «Baw»
is also there used, and so is «cachu» (see
above), of the excrement of pigs, dogs, and
otters, and «baw» also of dung collected into a
heap [1]: but the last word also bears a wider
sense, thus answering much to the Eng.
'muck'; and in Carm. we have often heard
the proverb «Mae 'fe wedi myn'd i'r baw»,
'He's gone to the mire' (i. e. 'to the devil'
or 'the dogs'). The Fr. «boue» has been
equated with this word; and the Lancashire
«baw», 'alvum levare', is more certainly re-
ferrible to it. A quantity of dung gathered
together in a heap is called in Nan. «tail»
(in B. «teil» 'fient', Cath., but now = 'fumier';
«teilat»,=«cahet», 'stercorare, chier, fambreer',
Cath.; C. «teil», 'fimus, stercus', Ll. 59°, 154°);
and this has become the commonest word for
'manure' in Wales. We are told that some
modern poet talks of a deceased person as
having gone «i'r tail», i. e. «i'r domen» or
«i'r gweryd», 'to the tomb' or 'to the sod';
but this is at least a rare use of the word.

«Cagl» in Nan. is used for the dung of
sheep, goats, hares, rabbits, grouse and

---

1 «Baw'r diawl», 'the Devil's dung' is the W. name
for the drug 'assafœtida'.

partridges. It seems to answer much to the Fr. 'crotte'. as it means in N. Card. 'the mud thrown up by a walker on to his trousers[1]' (called «terig»[2] in Môn); but in S. Card. (at least) «cagl defaid», 'sheep's dung', is common. «Ceglyn», 'a dirty little squit'[3], fem. «caglen», is used as a term of abuse in parts, and so in F. F. p. 13, an old woman is called «hen gaglen syth!», 'you stiff old draggle-tail!' The B. is «cagal». used of the dung of small animals and also of 'personnes constipées' (Leg.[4]); and it is in this sense that we have

1 In W. Cornwall a «crotté» person is said to be 'gaggled': which shews that a «cagl», 'mud', existed in C. The B. Lexicographers derive «cagal» from «cach» and «cal»; which last word they fancy means 'hard' (in B. «calet» = W. «caled»)! — an idea still prevalent among the philological dabblers who undertake to instruct the world on the etymology of Cornish local names: but «cal» is neither more nor less than the W. for '*Penis*', q. v.

2 They say in N. Card. of a person or thing 'in a frightful mess', «Mae o 'n derig o˙ faw», 'It's a very «terig» of dirt'; and the word is especially used there for the dirt collecting in the hollows of an unwashed skin. For quite another «terig» see under '*Lascivire.*'

3 We presume that 'squit' is connected with 'squitter'. At a private school where we once were, the youngest boy there was called 'the squit of the school'.

4 Legonidec, 'Dict. B.-Fr.' par Villemarqué, St. Brieuc, 1850.

heard the abstract «cagliad» in a celebrated Englyn where it means 'a caking', i. e. 'constipation'; of which we regret that we can only give 2 lines. It was addressed by the (w)hole-bound Bard to A—E—, a brother Bard and a Chemist, imploring him to concoct some 'dung-driving' pills.

«.... «Poba, fal y pibwyf;
Un gagliad a dafad wyf.»

'Bake (the ingredients) that I may squitter; my caking is as bad as a sheep's': and so M. Dwygraig (M. A. I, 485ᵃ), in his amusing 'Ode to a gift calf' (he did n't only 'look it in the mouth', but minutely inspected its «bouches d'en bas» to boot), has the adj. «cagalawc» (= «caglog»), speaking of the beast as «tin gagalawc», 'cake-arsed'; which of course refers to the usual a posteriori appearance of the bovine species.

«Ebod» (M. M. p. 104) or «ebodn» is an old word for the dung of horses, interesting on account of its first part coming from «*eb», 'a horse' (= «equus» and ἴππος or ἴκκος); whence, too, the first part of «ebol», (O. W. «epaul»), a foal, and probably of the «Ebw» or «Ebwy» river in Gwent: the latter parts of which two words seem to come (respectively) from the same origin as Gr. πῶλος, 'a young animal,

especially a foal', and the very common
river-name termination «-gui» (L. L. passim),
now «*-gwy» or (in composition) «-wy», ap-
parently the same as «Gwy», 'the «Wye»',
and its brethren the Derbyshire «Wye» and
the Surrey «Wey». «Ebodni», the verb, is
explained by Sal. with the addition of «val
march», 'like a horse', as 'donge' (i. e. 'to
dung').

«Aul» (= Gael. «aolach», 'dung, entrails') is
given by P. as a 'Silurian' word for 'dung,' and
D. gives (evidently its plural) «eulon», instan-
cing «eulon geifr», 'goat's dung'. «Gweryd» is
also used by D. G. for 'excretion', according
to P., in «Garan yn bwrw ei gweryd», which
he translates, however, 'a stork casting up
the contents of her stomach'; but that
nether excreta are meant seems likely from
the Glam. use of the word for 'manure' (called
«achles» in S. Card.): possibly, however, the
latter sense of the word came from its ordinary one of 'sod, turf, sward', and indicated
primarily 'turf used as manure'. We give
the context of the passage quoted, which
comes from D. G.'s celebrated poem to his
own shadow (p. 344), that philologists may
judge for themselves what it there means:
for it occurs to us that it m i g h t mean the

slimy 'water-moss' or 'conferva', a sense
borne by the word:

«Fal gryr llwyd yr wyd ar iâ
Fewn canol a fae'n cawna:
Garan yn bwrw ei gweryd,
Garau'r wyll, ar gwr yr yd.»

'Thou art like a grey heron on the ice,
picking at the reeds in the middle (of a
pool): (or) a crane, with its goblin shanks,
casting its «gweryd» on the corner of the
corn (field).'   (We have taken «wyll» to be
put for «gwyll», for the sake of the «cynghanedd» or 'harmony'). — This puzzling word
will be found discussed under 'Pubes', q. v.

«Lluyd» gives «ysgoth» as 'dung' (p. 275[b]),
for which see under 'Diarrhœa'; also
p. 221[a]) «ysgarth» as 'excrement', the pl. of
which, «ysgarthion», is commonly used now
in the sense of 'offscourings', a sense also
borne by «carthion», pl. of the simpler form
«carth». The last word (putting aside derivatives and book-words; for the verb «carthu»
see 'Diarrhœa') in the sing. now only means
'hemp, tow', except in the phrase given by
W. S. and D. (s. v. 'Rallum') «carthbren aradr»,
'a plough-staff', which exactly answers to the
B. «karsbren» or «karzbrenn», 'la fourchette en
bois qui sert à décharger le coutre et le soc

de la terre qui s'y est amassée', from B. «pren»,
'bois', and «karz»; and the various senses of
the latter word, viz.: 'Ràclures et immondices
que l'on ôte de ce qui les a contractées'
(Lep.[1]), 'ordures' (Leg.), perfectly explain the
double meaning borne by its W. equivalents
«carth», «carthion», etc., and shew the original
idea to be that of 'a cleaning by scraping,
raking, or combing' (Fr. «ràcler»): hence
the senses of the words, viz. 1) 'tow, the
result of such a process' and (2) (the refuse
arising from other kinds of cleansing or
purging).

«Llibystr» is found in dicts. for 'dung';
and «ystlom» is used by M. Dwygraig in his
'Lampoon on a woman' (M. A., I, 488[b]), where
he calls her «ystlom-gwthr gast», 'Dungy-arsed
Bitch', as elsewhere (I, 487[b]) he calls her
«cwthrfaw» (from «cwthr», for which see
under '*Anus*', and «baw».). These epithets
shew but too clearly that 'paper' was 'not
invented' in the poet's time (at least in
Wales), and that some one of the manifold, if
inadequate, expedients enumerated by Gar-
gantua (l. I, c. 13) had perforce to be resorted

---

1 = Lepelletier's 'Dict. de la langue Bretonne',
Paris, 1752.

to for a certain operation. The verb, «'stlommi», is still used in Môn for animals dropping dung; can «ystlom» be of the same origin as B. «stlabez», 'ordure, immondice'? We do not find in W. any word answering to Vannetais B. «mon», 'dung' (= Ir. «mún», 'piss'?), except a derivative «monoch», entrails, guts', sing. «monochen».

(To be continued in Vol. III.)

ERRATA DU PREMIER VOLUME.

Page I, titre courant, au lieu de *avis du direction*, lisez *avis de la direction*.

— X, ligne 9, au lieu de *intelligible au plus grand nombre*, lisez *inintelligible etc.*

— XI, avant dernière ligne, au lieu de *nous rappellerons qu'un Russie*, lisez *nous rappellerons qu'en Russie.*

—. 4, ligne 17, au lieu de *zônes* lisez *zones.*

— 7, — 10, — — *dites-lui, que* lisez *dites-lui que*

— 8, — 23, — — *le lièvre, saute* lisez *le lièvre saute*

—. 20, — 12, — — *repond* lisez *répond*

— 21, — 3, — — *ou* — *où*

— 23, — 12, — — *marie moi* lisez *marie-moi*

— 32, — 4, — — *La garçon* lisez *Le garçon*

— 38, — 1, — — *fiancées* — *fiancés*

— 38, — 15, — — *le pauvre* — *la pauvre*

— 39, — 8, — — *en-tête* — *en tête*

— 39, — 9, — — *p.......* — *p...*

— 39, — 25, — — *Des lapti?* — *Des lapti. Il*

— 46, — 4, — — *petit mère* — *petite mère*

— 54, — 4, — — *irrité* — *irritée*

Page 54, ligne 18, au lieu de *demande   nouveau*   lisez
                                demande de nouveau.
— 58,   —   18,   — —   *le   grignote*   lisez   *les*
                                                    grignote
— 63,   —   20,   — —   *de même coup* lisez *du*
                                              même coup
— 83,   —   26,   — —   *petit p*... lisez *petite p*...
— 108, (note) 6,   — —   *te*   —   *et*
— 138,   —   8,   — —   *loges*   —   *logis.*
— 248,   —   11,   — —   *des*   —   *dans*

———— ✳✳ ————

TABLE DES MATIÈRES

Lightning Source UK Ltd.
Milton Keynes UK
UKHW050834010822
406672UK00007B/814